BEI GRIN MACHT SICH IHR WISSEN BEZAHLT

Jan Kercher

Das Freizeitsystem der BRD am Beispiel von Gerhard Schulzes Erlebnisgesellschaft

GRIN Verlag

Bibliografische Information der Deutschen Nationalbibliothek:

Die Deutsche Bibliothek verzeichnet diese Publikation in der Deutschen National-bibliografie; detaillierte bibliografische Daten sind im Internet über http://dnb.d-nb.de/ abrufbar.

Impressum:

Copyright © 2003 GRIN Verlag GmbH
Druck und Bindung: Books on Demand GmbH, Norderstedt Germany
ISBN: 978-3-638-73962-7

Dieses Buch bei GRIN:

http://www.grin.com/de/e-book/18553/das-freizeitsystem-der-brd-am-beispiel-von-gerhard-schulzes-erlebnisgesellschaft

GRIN - Your knowledge has value

Der GRIN Verlag publiziert seit 1998 wissenschaftliche Arbeiten von Studenten, Hochschullehrern und anderen Akademikern als eBook und gedrucktes Buch. Die Verlagswebsite www.grin.com ist die ideale Plattform zur Veröffentlichung von Hausarbeiten, Abschlussarbeiten, wissenschaftlichen Aufsätzen, Dissertationen und Fachbüchern.

Besuchen Sie uns im Internet:

http://www.grin.com/

http://www.facebook.com/grincom

http://www.twitter.com/grin_com

Universität Hohenheim
Institut für Sozialwissenschaften
Fachgebiet für Soziologie
Seminar: Die Sozialstruktur der Bundesrepublik Deutschland

SS 2003

Ausarbeitung zum Referat:

Das Freizeitsystem der BRD (am Beispiel von Gerhard Schulzes „Erlebnisgesellschaft")

Vorgelegt von:
Jan Kercher

Kommunikationswissenschaft (6. Semester)
Abgabetermin: 14.07.03

Inhalt

Abbildungs- und Tabellenverzeichnis

1 Forschungsfragen

Das Thema dieser Arbeit sind die Strukturen der Freizeitbeschäftigungsformen in der Bevölkerung der Bundesrepublik Deutschland. Um sich jedoch wissenschaftlich mit diesem Thema beschäftigen zu können, muss zunächst einmal der zu Grunde liegende Begriff der Freizeit geklärt und definiert werden. Die Forschungsfragen für diese Arbeit lauten demgemäß:

(1) Was ist Freizeit? (2) Welches System bzw. welche Strukturen von Freizeitbeschäftigungsformen finden sich in der Bevölkerung der BRD?

2 Definitionen von Freizeit[1]

So einfach und geläufig der Begriff der Freizeit auf den ersten Blick erscheint, so schwierig erweist sich eine Begriffsbestimmung bei einer genaueren Untersuchung der verschiedenen Bedeutungsdimensionen. Fragt man Menschen verschiedener gesellschaftlicher Gruppen nach ihrer Definition von Freizeit, erhält man viele unterschiedliche Antworten (vgl. hierzu auch Abb. 3 in Kap. 6.1). Besonders deutlich wird dies am Beispiel des Autofahrens oder Kochens, zwei Beschäftigungen, die von vielen Menschen als nötiges Übel, von anderen wiederum als reines Vergnügen wahrgenommen werden. Einige der geläufigsten Definitionen – sowohl im Alltag als auch in der Literatur – sollen hier kurz aufgeführt werden:

1. Freizeit als Regeneration von der Arbeit bzw. für die Arbeit
2. Freizeit als „Nicht-Arbeitszeit"
3. Freizeit als alles, was man nicht tun muss
4. Freizeit als alles, was Spaß macht bzw. alles, was einen erfüllt

Keine dieser Definitionen kann als deutliche Mehrheitsmeinung in der Bevölkerung bezeichnet werden. Allen diesen Definitionsversuchen ist außerdem gemeinsam, dass sie bestimmte, wichtige Aspekte des Freizeitbegriffs vernachlässigen oder nicht trennscharf abgrenzen. Wird beispielsweise Freizeit nur über die Abgrenzung zur Arbeit definiert, haben Rentner und Arbeitslose streng genommen keine Freizeit (Definition 1) oder ausschließlich Freizeit (Definition 2).

Nötige Pflichten wie Einkaufen, Wäsche waschen u.ä. lassen sich weder als Freizeit noch als Arbeitszeit bezeichnen und müssen deshalb bei einer Definition der Freizeit unbedingt ausgeschlossen werden (Definition 3 und 4). Aber auch diese Definitionen greifen zu kurz.

---

[1] Im Folgenden nach Vester (1988)

Demnach würden beispielsweise einerseits freiwillige Überstunden (Definition 3) und andererseits erfüllende berufliche Tätigkeiten ebenfalls unter den Freizeitbegriff fallen. Zur eindeutigen und allgemeinen Definition des Freizeitbegriff bietet sich also eine Synthese aus den obigen Definitionsversuchen an. Hierbei ergeben sich zwei wesentliche Kriterien des Freizeitbegriffs: zum einen die „relative Wahlfreiheit" (d.h. keine Verpflichtung von außen), zum anderen die „intrinsische Befriedigung" (d.h. der Spaß an der Sache bzw. die innere Erfüllung). Sind beide Kriterien erfüllt, kann eine Beschäftigung als Freizeitbeschäftigung gelten. Diese Begriffsbestimmung ist v.a. für die quantitative Freizeitforschung bzw. Freizeitmessung äußerst sinnvoll und wichtig. Sie ermöglicht zudem die Unterteilung des Tagesablaufs in die drei eindeutig voneinander abgrenzbaren Bereiche

- Arbeitszeit (berufliche Beschäftigung),
- Obligationszeit (Verpflichtungen außerhalb des Berufs) und
- Freizeit.

Im Folgenden wird deshalb der Begriff der Freizeit im Sinne der obigen Definition verwendet als Tätigkeiten, die unter relativer Wahlfreiheit ergriffen wurden und mit einer intrinsischen Befriedigung verbunden sind (erste Forschungsfrage).

3 Die Erlebnisgesellschaft nach Gerhard Schulze

Zur Beantwortung der zweiten Forschungsfrage eignet sich das Modell der Erlebnisgesellschaft nach Gerhard Schulze. Gerhard Schulze (Jahrgang 1944) ist seit 1978 Professor für Methoden der empirischen Sozialforschung an der Universität Bamberg. 1985 führte er eine Milieu-Studie im Raum Nürnberg durch, in deren Rahmen 1014 Personen zu ihrem Lebensstil (u.a. Freizeitverhalten, Mediennutzung) befragt wurden. 1992 wurden die Ergebnisse der Studie im Buch „Die Erlebnisgesellschaft" veröffentlicht.

3.1 Von der Knappheits- zur Erlebnisgesellschaft

Schulze behandelt in seinem Buch „Die Erlebnisgesellschaft" den Wandel der Knappheitsgesellschaft der unmittelbaren Nachkriegszeit bis zur Mitte der 80er Jahre und die damit verbundenen Auswirkungen auf Klassen- oder Schichttheorien der Soziologie. Er kommt zu dem Schluss, dass die (west)deutsche Gesellschaft der 80er Jahre am besten als „Erlebnisgesellschaft" beschrieben werden kann, die Gruppenstrukturen am besten als soziale Milieus. Die Gegenüberstellung von Knappheits- und Erlebnisgesellschaft lässt sich wie in Tabelle 1 dargestellt zusammenfassen (im Folgenden nach Schulze[2]).

---

[2] Schulze (1992), S. 13-70

Merkmale	Nachkriegszeit	80er Jahre
Gesellschaftsform	Knappheitsgesellschaft	Erlebnisgesellschaft
Großgruppenstruktur	Schichten (vertikal)	Milieus (horizontal)
Soziales Handeln	Beziehungsvorgabe	Beziehungswahl
Lebensauffassung	Außenorientiert	Innenorientiert
Problemdefinition	Überleben	Erleben
Existenzform	Situationszentriert	Subjektzentriert
Gegenstand der Werbung	Gebrauchswert	Erlebniswert

Tabelle 1: Der Wandel zur Erlebnisgesellschaft (Quelle: nach Schulze, 1992, S. 33ff)

Die Hauptgründe für die Entwicklung zur Erlebnisgesellschaft bestehen für Schulze in der „Vermehrung der Möglichkeiten"[3] durch einen Zuwachs an Geld, Zeit und Bildung oder – anders formuliert - die parallele Expansion von Angebot und Nachfrage. Nicht mehr die (soziale) *Situation*, sondern allein das *Subjekt* entscheidet über die Existenzform. Dies drückt sich auch in der nun freien *Beziehungswahl* aus, die die *Beziehungsvorgabe* durch verwandtschaftliche, sozioökonomische oder lokale Zusammengehörigkeit abgelöst hat. Da die Grundbedürfnisse mittlerweile von fast jedem in der Gesellschaft problemlos befriedigt werden können, geht es statt dessen um die *Suche nach Lebensqualität*: „Erlebe Dein Leben!"[4] ist der neue Imperativ bzw. die „normale existentielle Problemdefinition"[5], wie Schulze es formuliert. Die Lebensauffassung ist nicht mehr länger außen-, sondern *innenorientiert*. Gemeint ist damit „der epochentypische Wunsch, sich ‚seine' Welt zu wählen, statt sich an einer ‚gegebenen' Welt abzuarbeiten"[6]. An die Stelle von Existenzangst treten nun andere Probleme. Da man sich nicht mehr allein am zum Überleben Notwendigen orientieren kann, entsteht *Unsicherheit* angesichts der vielen neuen Möglichkeiten und Freiheiten. Gleichzeitig kommt es häufiger zu *Enttäuschungen*, da die Fähigkeit, sich am reinen Gebrauchswert zu erfreuen, immer mehr in den Hintergrund tritt[7]. Wichtig erscheinen demgegenüber jetzt Erlebnisaspekte, die häufig von der Werbung vorgegeben werden, sich schnell wieder ändern können und auf keinen Fall dauerhaft garantiert sind. „In der Wahrnehmung treten die Nebenaspekte vor die Hauptsache."[8] Die

---

[3] Schulze (1992), S. 54ff
[4] Schulze (1992), S. 33
[5] Schulze (1992), S. 67: „eine Grundtendenz individuellen Handelns, die sich in vielen Situationen über die Jahre hinweg wiederholt, inhaltlich bestimmbar als Auffassung über den Sinn des Lebens"
[6] Schulze (2000)
[7] vgl. Schulze (1992), S. 60ff
[8] Schulze (1992), S. 64

Veränderungen lassen sich nach Schulze am besten mit dem Beispiel von Konsumverhalten und Werbung illustrieren. Denn bei jedem Einkauf sind wir mittlerweile mit einer Reihe von Produkten konfrontiert, die offensichtlich den gleichen Nutzwert besitzen. Gekauft wird dann jenes Produkt, dessen Werbung den höchsten Erlebniswert verspricht.

Wie kommt es nun aber trotz der – durch die Veränderung der äußeren Umstände bewirkten – Individualisierungstendenz zur Bildung gesellschaftlicher Großgruppen? Grund hierfür ist die oben bereits erwähnte – neue – Unsicherheit. Diese lässt die Menschen nach neuen Ordnungen suchen, die die verlorengegangenen alten Ordnungsstrukturen ersetzen können. Dadurch bilden sich Gruppen bzw. soziale Milieus.

3.2 Milieubildung durch soziale Wahrnehmung

Milieus werden in der Literatur mit teilweise sehr unterschiedlichen Bedeutungen versehen. Schulze definiert sie „als Personengruppen, die sich durch gruppenspezifische Existenzformen und erhöhte Binnenkommunikation voneinander abheben"[9].

3.2.1 Zeichen sozialer Wahrnehmung

Milieus sind wie oben definiert also Gruppen von Menschen, die sich in vielen situativen und sozialen Aspekten ähnlich sind. Die Mitglieder einer Gruppe haben untereinander mehr Kontakt als zu Mitgliedern anderer Gruppen. Bei der Milieubildung sind aufgrund der freien Beziehungswahl *evidente*, d.h. leicht interpretierbare, und *signifikante*, d.h. Zeichen, die verlässliche Aussagen über einen anderen Menschen zulassen, von besonderer Bedeutung. Als Zeichen kommen prinzipiell viele Kriterien in Frage, ausreichend evident und signifikant sind nach Schulze jedoch nur die drei Zeichen Alter, Bildung und (alltagsästhetischer) Stil[10]. Das Alter erfüllt ohne Einschränkungen beide Kriterien. Die Bildung ist zwar nicht direkt durch Äußerlichkeiten ablesbar, kann aber trotzdem beim ersten Kontakt schnell in Erfahrung gebracht werden. Der Stil schließlich kann einerseits durch evidente Kriterien wie Kleidung, Sprache und Wohnraumgestaltung ermittelt werden, wird andererseits aber – wie die Bildung – auch von weniger evidenten Merkmalen wie Musikgeschmack, Freizeitverhalten und Medienkonsum (d.h. dem Freizeitstil) bestimmt. Dieser Freizeitstil als Substil des allgemeinen Lebensstils bildet den Anknüpfungspunkt zur zweiten Forschungsfrage dieser Arbeit und wird im Folgenden deshalb genauer untersucht.

---

[9] Schulze (1992), S. 174
[10] Schulze (1990), S. 415

3.2.2 Dimensionen des (Freizeit)stils

Der erste Schritt auf der Suche nach Ordnung und Orientierung in der Erlebnisgesellschaft sind also evidente und signifikante Zeichen. Die Deutung von Alter und Bildung ist dabei relativ unproblematisch, schwieriger ist die Deutung des Stils. Wie oben bereits erwähnt, setzt sich der allgemeine Lebensstil eines Individuums aus vielen verschiedenen Substilen zusammen (z.B. Wohnstil, Sprachstil, Freizeitstil). Schulze erhebt in seiner Studie den Anspruch einer Untersuchung und Messung des allgemeinen (alltagsästhetischen) Lebensstils. Zur Beantwortung der Forschungsfrage dieser Arbeit reicht in den folgenden Kapiteln jedoch die Betrachtung des Freizeitstils (z.B. Freizeitbeschäftigungen, Medienkonsum, Reisegewohnheiten).

Um eine systematische Betrachtung des Lebensstils zu ermöglichen, unterscheidet Schulze drei unterschiedliche „alltagsästhetische Schemata"[11]: Trivial-, Spannungs- und Hochkulturschema. Diese können am anschaulichsten als drei Dimensionen des Lebensstils verstanden werden. In Bezug auf den Freizeitstil lassen sich die drei Stildimensionen am besten durch ihre unterschiedlichen *Genussmuster* abgrenzen[12]. Für das *Trivialschema* sind nach Schulze Stilzeichen wie deutsche Schlager, Fernsehquiz und Arztroman typisch. Man genießt die *Gemütlichkeit* und betont das Ideal der Gruppenharmonie gegenüber der Individualität. Im *Spannungsschema* hingegen gilt *Action* als Genuss, Konventionelles oder Althergebrachtes wird abgelehnt. Typische Stilzeichen sind Rockmusik, Thriller und Ausgehen (Kneipen, Discos, Kinos usw.). Im *Hochkulturschema* schließlich wird die Kontemplation als höchster Genuss empfunden, d.h. ein In-sich-Gehen und Nachsinnen, als „besonders tiefe Ich-Erfahrung" oder sogar „Ich-Überschreitung"[13]. Typischer Ausdruck hierfür sind klassische Musik, ein Museumsbesuch oder die Lektüre guter bzw. wertvoller Literatur[14].

Der Lebensstil im Allgemeinen und damit auch der Freizeitstil im Speziellen bestimmt sich nach Schulze dann durch die Nähe oder Distanz zu diesen drei Dimensionen (vgl. dazu auch Kapitel 4). Jeder Mensch kreiert sich also seinen persönlichen Lebensstil durch eine spezifische Kombination der drei alltagsästhetischen Schemata. (Ein tabellarischer Überblick der drei alltagsästhetischen Schemata mit erläuternden Beispielen zum Freizeitstil findet sich im Anhang in Tabelle 2).

---

[11] Schulze (1992), S. 125ff
[12] Auf die Erläuterung der zwei weiteren Abgrenzungskriterien Distinktion und Lebensphilosophie wurde aus Platzgründen verzichtet. Vgl. dazu Schulze S. 105ff
[13] Schulze (1992), S. 145

4 Die Erlebnismilieus

Durch Unsicherheit und Enttäuschung der Menschen – ausgelöst durch den Verlust früherer Gesellschaftsordnungen – kommt es zu einer Suche nach neuen gesellschaftlichen Ordnungsstrukturen. Hierbei helfen die Zeichen. Menschen senden Zeichen – bewusst und unbewusst, freiwillig und unfreiwillig – und deuten die Zeichen anderer. Trotz freier Beziehungswahl werden auf der Suche nach Sicherheit und Bestätigung Kontakte zu Menschen mit ähnlichen Zeichen gewählt. Die so entstehenden Gruppen und Untergruppen verdichten sich zu fünf groben sozialen Milieus bzw. Erlebnismilieus, eine neue „gesamtgesellschaftliche Einfachstruktur"[15] entsteht. Hierunter versteht Schulze „eine Grundeinteilung in wenige, zwar unscharfe und in sich differenzierte, aber doch relativ homogene und deutlich unterscheidbare Großgruppen"[16]. Der Lebensstil bzw. die alltagsästhetischen Schemata spielen dabei gleich in zweifacher Hinsicht eine Rolle[17]. Zum einen bringen sie „durch ihre stilbildende Kraft ähnliche Personen mit höherer Wahrscheinlichkeit zur gegenseitigen Interaktion als unähnliche"[18], zum anderen kommt es aber auch „zum Aufbau von Ähnlichkeiten, insbesondere dann, wenn eine ähnliche Position im Raum der alltagsästhetischen Schemata die Akteure zu einem ähnlichen Umgang mit sozialen Situationen bringt"[19]. Die Schemata müssen hierbei nach Schulze – wie oben bereits erwähnt - jedoch nicht als unvereinbare Gegenpole, sondern als unabhängige Variablen des jeweiligen Milieustils angesehen werden. „Die Menschen behandeln die drei Schemata nicht als Alternativen, sondern als Kombinationsmöglichkeiten, von denen sie auf verschiedene Weise Gebrauch machen, um ihren persönlichen Stil zusammenzubasteln"[20]. Durch diese Sichtweise lassen sich die fünf sozialen Milieus recht anschaulich in einem Venn-Diagramm darstellen, wobei sich die Milieus als Schnittmengen der Schemata ergeben[21] (vgl. Abb. 1).

Im Folgenden werden die fünf sozialen Milieus anhand der Kriterien bzw. Zeichen Alter, Bildung und Stil (d.h. Nähe bzw. Distanz zu den alltagsästhetischen Schemata) kurz erläutert[22]. Die Beschreibungen der Milieus sind als Beschreibungen von Idealtypen oder der Kerne der jeweiligen Milieus zu verstehen, an den Rändern der Milieus kommt es

---

[14] für eine detailliertere Beschreibung der drei Schemata vgl. Schulze (1992), S. 142ff
[15] Schulze (1992), S. 211
[16] Schulze (1992), S. 211
[17] vgl. Hartmann (1999), S. 116ff
[18] Hartmann (1999), S. 116
[19] Hartmann (1999), S. 116
[20] Schulze (1992), S. 157
[21] Schulze postuliert lediglich die Existenz von fünf der acht theoretisch möglichen Milieus. Die mit [6], [7] und [8] bezeichneten Milieus werden aber teilweise in empirischen Rekonstruktionen aufgegriffen. Vgl dazu Kap. 3.2
[22] für eine detailliertere Beschreibung vgl. Schulze (1992), S. 277ff

jeweils zu Unschärfen und Überlappungen (vgl. dazu Abb. 2). Eine tabellarische Zusammenfassung dieses Kapitels mit weiteren veranschaulichenden Beispielen typischer Milieuvertreter sowie typischer Freizeitbeschäftigungen und Mediennutzungsformen findet sich im Anhang in Tabelle 4.

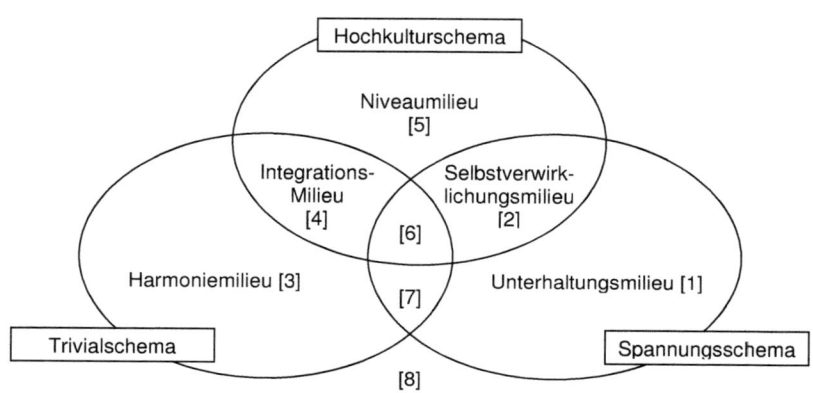

Abbildung 1: Alltagsästhetische Schemata und soziale Milieus (Quelle: nach Hartmann, 1999, S. 117)

Im *Unterhaltungsmilieu* [1] finden sich v.a. jüngere Personen (bis ca. 40 Jahre) mit geringer bis mittlerer Bildung. Der Stil ist definiert sich v.a. durch die starke Affinität zum Spannungsschema und die deutliche Distanz zum Hochkulturschema. In der Freizeit strebt man nach ständiger Stimulation (Spielhöllen, Diskos, Auto/Motorrad fahren, Boulevardblätter, Actionfilme, Daily Soaps,...). Die Mitglieder des *Selbstverwirklichungsmilieus* [2] gehören derselben Alterklasse an, zeichnen sich jedoch durch eine mittlere bis hohe Bildung aus. Das Trivialschema wird hier klar abgelehnt, der Freizeitstil wird bestimmt durch eine Mischung aus Hochkultur- und Spannungsschema (Rock-/Jazzkonzerte, Kneipen, Kabarett, Filmkunst, Selbsterfahrung,...). Der Alltag ist – wie der Name des Milieus schon sagt – durch ein Streben nach Selbstverwirklichung in Beruf und Freizeit gekennzeichnet.

Die drei übrigen Milieus zeichnen sich alle durch ein fortgeschritteneres Lebensalter aus (über 40 Jahre), unterscheiden sich jedoch bezüglich Bildung und Stil deutlich. Im *Harmoniemilieu* [3] finden sich demnach gering gebildete Personen, die ausschließlich und deutlich dem Trivialschema nahe stehen. Spannungs- und Hochkulturschema werden

9

ebenso deutlich abgelehnt. Man strebt v.a. nach Geborgenheit in der Familie und im Eigenheim, was sich auch in den Freizeitbeschäftigungen niederschlägt (zu Hause bleiben, Auto pflegen, Kochen, Saubermachen, Fernsehen, Volksmusik,...). Das *Integrationsmilieu* [4] verdankt seinen Namen einem Doppelsinn. Integrativ ist nicht nur die Position des Milieus zwischen Harmonie- und Niveaumilieu, sondern auch das Lebensmotto und der Stil der Mitglieder: man strebt nach Konformität und ist keinem der alltagsästhetischen Schemata besonders deutlich zu- oder abgewandt. Eine gewisse Nähe zum Trivial- und Hochkulturschema sowie eine gewisse Distanz zum Spannungsschema ist jedoch auch hier wiederum im Freizeitverhalten feststellbar (Beschäftigung im/mit Eigenheim, Garten, Kirche, Vereine, Kochen, Saubermachen, Theater, Ausstellungen, klassische Konzerte,...). Angehörige des *Niveaumilieus* [5] schließlich zeichnen sich im Allgemeinen durch eine hohe Bildung und ihre deutliche Distanz zu Trivial- und Spannungsschema aus. Der Freizeitstil wird praktisch nur durch das Hochkulturschema ausgestaltet (Konzert, Theater, Oper, Museum, Ausstellungen, Teure Restaurants mit gehobener Atmosphäre, Tennis- und Golfclubs,...).

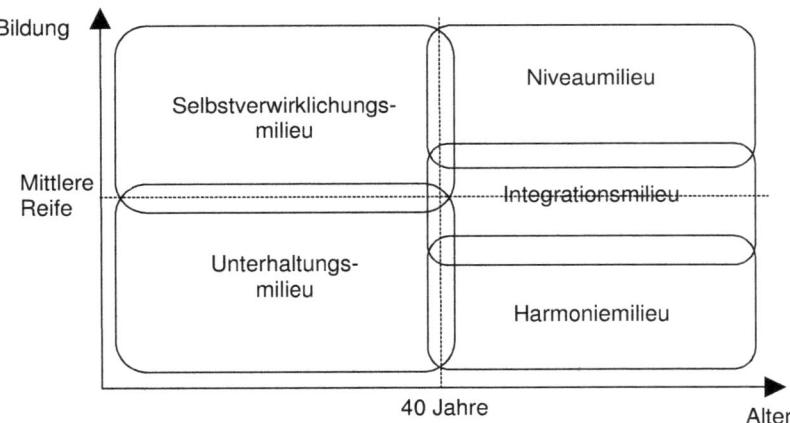

Abbildung 2: Die fünf sozialen Milieus mit Berücksichtigung von Unschärfen23 (Quelle: nach Schulze, 1992, S. 279)

Zur Veranschaulichung der unterschiedlichen Lebensstile in den Milieus findet sich als Abbildung 9 im Anhang eine Zusammenfassung der Milieus anhand ihrer Vorstellungen von einem „schönen Leben".

---

[23] vgl. Schulze (1992), S. 213ff, S. 382ff

5 Zusammenfassung und Kritik

5.1 Zusammenfassung

Zusammenfassend lässt sich (nach Schulze) festhalten:

1. Die soziale Wahrnehmung und das soziale Handeln von Individuen wird v.a. durch die drei Zeichen Alter, Bildung und Lebensstil beeinflusst.
2. Die Bevölkerung (West)Deutschlands lässt sich dadurch in fünf soziale Milieus unterteilen. Diese fünf Milieus unterscheiden sich bezüglich Alter, Bildung und Lebensstil.
3. Der Lebensstil eines Individuums lässt sich in drei Dimensionen aufteilen: Hochkulturschema, Trivialschema und Spannungsschema (="alltagsästhetische Schemata"). Der allgemeine Lebensstil sowie all seine Substile werden durch die Nähe oder Distanz zu diesen drei Dimensionen bestimmt.
4. Der Lebensstil beinhaltet als Substil u.a. auch den Freizeitstil. Die fünf Milieus unterscheiden sich deshalb insbesondere auch durch ihr Freizeitverhalten, ihren Medienkonsum und ihre Reisegewohnheiten.

5.2 Kritik

Häufig wird die Fragwürdigkeit von Schulzes Entvertikalisierungsthese diskutiert. Einige Kritiker und Anhänger der Sozialstrukturanalyse[24] stellen diese komplett in Frage. Wenzel wendet zudem ein, dass Schulze selbst zu diesem Vorwurf beiträgt, indem er durch die Einteilung seiner Milieus nach Alter und Bildung „die zunächst aufgestellte Hypothese, soziodemographische Faktoren seien hinsichtlich der Beschreibung gesellschaftlicher Strukturen zunehmend weniger trennscharf, konterkariert"[25]. Andere Kritiker halten sie aufgrund einer rasanten „Rückkehr der Knappheit in den 90er Jahren" zumindest für „heute schon veraltet"[26]. Eine vollkommene Chancengleichheit bzw. Wahlfreiheit für alle, wie sie teilweise in Schulzes Studie suggeriert wird, ist sicherlich weder für heute noch für die 80er Jahre zutreffend.

Zudem kann die Gültigkeit von Schulzes Modell für die gesamte Gesellschaft in Frage gestellt werden. Die subjektzentrierte und innenorientierte Erlebnismentalität, die Schulze jedem seiner Milieus unterstellt, scheint bei den jüngeren Milieus doch sehr viel eindeutiger ausgeprägt zu sein als bei den älteren Milieus. Müller meint dazu sogar: „Genaugenommen trifft die Erlebnisorientierung nur auf die beiden jüngeren Milieus mit ihrer starken Ich-

---

[24] vgl. Meyer (2001)
[25] Wenzel (1999), S. 9

Verankerung zu"[27]. Zu erwähnen wäre auch die oft stereotype und teilweise voreingestellt wirkende Beschreibung der verschiedenen Milieus, ihrer Stile, Beschäftigungen und typischen Vertreter. Teilweise fehlt hier sicher die wissenschaftliche Distanz und Nüchternheit.

Häufig wird zudem die geringe eigenständige Erklärungskraft von Lebensstilen in der Soziologie gegenüber traditionellen Erklärungsgrößen wie demographischen oder sozioökonomischen Variablen kritisiert[28]. Hartmann stellt hierzu in seiner Untersuchung fest: „vorhersagestärker als die gesamte Alltagsästhetik ist allerdings ein einfaches Modell, das nur Alter und Schulbildung berücksichtigt"[29].

Schulze hat dieser Kritik in zwei jüngeren Aufsätzen teilweise heftig widersprochen[30]. Das Bild des sozialstrukturell determinierten Menschen, „die Marionette der objektiven Bedingungen, der arme Irre in der geschlossenen Anstalt der Gesellschaft, Abteilung ‚Autonomiephantasten'"[31] lehnt er darin weiter ab und bezeichnet die Erlebnisgesellschaft als zentrale Idee noch immer als aktuell; diese befände sich seit den 80er Jahren in einer „Transformation [...] durch Lernen"[32], einer „Routinisierung ihrer Muster"[33].

Auch wenn gegen diese jüngeren Ausführungen von Schulze sicher wiederum Kritik eingewendet werden kann, so müssen doch auch einige Gesichtspunkte zugunsten Schulzes festgehalten werden. Schulze selbst schränkt nämlich bereits in der Einleitung zur „Erlebnisgesellschaft" ein: „Der Titel besagt nicht: diese Gesellschaft ist eine Erlebnisgesellschaft, sondern: sie ist es mehr als andere"[34]. Dieses Verständnis als komparativer Begriff wird in einem jüngeren Aufsatz noch einmal bekräftigt[35]. Auch die Kritik an den Variablen Alter und Bildung scheint teilweise in die falsche Richtung zu gehen, denn Schulze kritisiert v.a. die Konzentration auf sozioökonomische, nicht soziodemographische Variablen. Nicht von der Hand zu weisen ist deshalb, dass Schulze den eigenen Anforderungen sehr nahe kommt: er erläutert, wie Ordnung in einer komplexen und modernen Gesellschaft entstehen kann und welche Rolle Zeichen dabei spielen. Wird das Modell Schulzes so von dem oft unterstellten absoluten Geltungsanspruch befreit, erweist es sich als wichtiger Ansatz der Lebensstilforschung und sinnvolle Erweiterung der traditionellen Sozialstrukturanalyse. Auch verlieren Schulzes Erlebnismilieus durch die

---

[26] Müller (1993), S. 780; vgl. auch Band (1994), S. 117
[27] Müller (1993), S. 780
[28] Diese Kritik richtet sich jedoch auch gegen die gesamte Lebensstilforschung und nicht nur gegen Schulzes Modell. Vgl. dazu auch Meyer (2001) und Hartmann (1999), S. 175
[29] Hartmann (1999), S. 238
[30] vgl. Schulze (2000), Schulze (2001)
[31] Schulze (2001), S. 295
[32] Schulze (2000)
[33] Schulze (2000)
[34] Schulze (1992a), S. 15

soziologische Kritik kaum an Reiz für Marketing und Werbung. „Schließlich hat sich auch der Inhalt der Werbung von einstmals reiner *Produktinformation* hin zur Vermittlung eines *Produkterlebnisses* gewandelt"[36]. Sie werden deshalb heute u.a. in der „VerbraucherAnalyse" vom Bauer und Springer Verlag verwendet, um der werbetreibenden Wirtschaft einen verständlichen Überblick über deren Zielgruppenstruktur vermitteln zu können.

Sowohl in der Sozial- als auch in der Marktforschung können Schulzes Milieus also als „Grobstruktur für feinere Klassifizierungen"[37] herangezogen werden. Teilweise wurde dieses Verdienst jedoch auch Teil der Kritik: Anhänger von kommerziellen Modellen wie den Sinus-Milieus oder den GfK-Eurostyles kritisieren Schulzes Milieueinteilung oft als *zu* grob. Es stellt sich hierbei aber die Frage, ob Klassifizierungen mit bis zu 20 Milieus noch dem Anspruch eines Modells genügen, die Realität verständlich – und damit natürlich meist stark vereinfachend – abzubilden. Dass eine Einteilung auch mit mehreren hundert Milieus noch möglich und durchaus der Realität angemessen ist, steht außer Frage. Ob solch ein Ansatz jedoch in der wissenschaftlichen und v.a. der kommerziellen Praxis weiterhelfen würde, ist eher unwahrscheinlich. Denn wie oben bereits erwähnt, haben Schulzes Erlebnismilieus ohnehin häufig keinen höheren Erklärungsgehalt als soziodemographische Kriterien. Die Stärke liegt hier v.a. in der größeren Anschaulichkeit. Ein Vorzug, der durch eine höhere Anzahl von Milieus immer mehr verlorengeht.

Abschließend lässt sich also festhalten: Schulzes Milieumodell sollte zunächst ein realistischer Geltungsbereich zugeschrieben werden, der nicht die gesamte deutsche Bevölkerung und nicht alle Lebensbereiche umfasst, sondern etwa nur eine deutliche Mehrheit der Bevölkerung[38] und eindeutig erlebnisorientierte Lebensbereiche wie Freizeit und Konsum[39]. Durch solch eine Modifikation ließen sich die schwerwiegendsten Kritikpunkte auflösen und Schulzes Modell, das sich bereits in vielen Bereichen als sehr fruchtbar erwiesen hat, für die zukünftige Forschung als anschauliche Grobklassifizierung erhalten. Für die Untersuchung von Freizeitstilen eignet sich das so modifizierte Modell deshalb zweifellos auch weiterhin.

---

[35] Schulze (2000)
[36] Wenzel (1999), S. 7; Hervorhebungen im Original
[37] Hartmann (1999), S. 179
[38] In diesem Zusammenhang wird auch häufig die These von der „Zwei-Drittel-Gesellschaft" erhoben. Demnach verbreitere sich die gut verdienende Mittelschicht und zwei Drittel der Gesellschaft würden in wachsendem Wohlstand leben, während gleichzeitig ein tiefer sozialer Graben zum unteren Drittel der Gesellschaft, das auf staatliche Unterstützung angewiesen sei, entstehe. Vgl. dazu Habich/Heady/Krause (1991)
[39] Auch durch die Eignung für diese Lebensbereiche wird die Attraktivität des Modells für die Marktforschung noch einmal unterstrichen.

6 Empirische Untersuchung

Ziel der Untersuchung war die Überprüfung der oben vorgestellten Hypothesen und Modelle anhand eigens erhobener empirischer Daten. Einerseits sollten hierbei die Vorstellungen untersucht werden, die mit dem Begriff der Freizeit verbunden sind (erste Forschungsfrage). So kann überprüft werden, ob die oben genannte (wissenschaftliche) Definition von Freizeit mit den im Alltag vorhandenen Begriffen von Freizeit übereinstimmt oder nicht. Andererseits sollte das Modell von Schulze, insbesondere dessen Aussagen zum Freizeitstil verschiedener Milieus, einem empirischen Test unterzogen werden (zweite Forschungsfrage). Hierfür wurde ein standardisierter Fragebogen mit einer offenen Frage zum persönlichen Freizeitbegriff sowie mehreren Batterien von geschlossenen Fragen zum Freizeitverhalten, Medienkonsum und Reisegewohnheiten der Befragten entworfen. Dieser Fragebogen wurde zunächst in einigen Pretests mit Testpersonen durchgeführt und anschließend noch einmal modifiziert, um Verständnisprobleme und Lücken in den Fragebatterien zu beseitigen. Der letztendlich verwendete Fragebogen findet sich im Anhang.

Befragt wurden insgesamt 112 Personen. Um nicht nur ein einziges soziales Milieu zu befragen, wurde der Fragebogen einerseits an Studierende der Universität Hohenheim ausgeteilt (Selbstverwirklichungsmilieu), andererseits an Schüler der Staatsschule für Gartenbau und Gartenbauwirtschaft in Hohenheim (Selbstverwirklichungs- und Unterhaltungsmilieu). (Während der Befragung war ich anwesend und stand für Rückfragen bereit.) Leider war die Geschlechterverteilung in beiden befragten Gruppen stark unterschiedlich und wenig ausgeglichen. Bei den Ergebnissen muss also mit einer Verzerrung durch die unterschiedliche Geschlechterverteilung gerechnet werden. Insbesondere die ausschließlich aus Männern bestehende Befragungsgruppe des Unterhaltungsmilieus ist hierbei problematisch.

Die Befragten teilten sich wie folgt auf:

Gesamtzahl: 112 Personen (52,7 % Männer ↔ 47,3 % Frauen)

Davon:

- Studierende: 58 Personen (22,4 % Männer ↔ 77,6 % Frauen)
- Gartenschüler: 54 Personen (85,2 % Männer ↔ 14,8 % Frauen)
- Selbstverwirklichungsmilieu: 86 Personen (41,9 % M. ↔ 58,1 % F.)
- Unterhaltungsmilieu: 22 Personen (100 % Männer)
- Nicht zuteilbar: 4 Personen (keine Angabe der Bildung)

Bei der Auswertung der Ergebnisse wurden verschiedene Einteilungen der Befragten berücksichtigt, um die Stabilität der Ergebnisse überprüfen zu können. So wurden die Ergebnisse nicht nur bezüglich der verschiedenen Milieus verglichen. In einem zweiten und dritten Schritt wurden die Befragten nach Geschlecht und nach Ausbildungsort aufgeteilt und die so gewonnen Ergebnisse mit denen verglichen, die sich durch eine Aufteilung in Milieus ergaben. Die Auswertungen dieser drei verschiedenen Aufteilungen finden sich ebenfalls im Anhang.

6.1 Ergebnisse bezüglich des Freizeitbegriffs

Die Verteilung der verschiedenen Freizeitbegriffe ist über alle drei Gruppen erstaunlich stabil (s. Anhang). Auf eine grafische Darstellung aller drei Gruppen wird deshalb verzichtet. Die Antworten der Befragten wurden bei der Auswertung in die vier oben genannten Kategorien des Freizeitbegriffs aufgeteilt (Antwortbeispiele s. Anhang). Hinzu kommt eine ebenfalls häufig verwendete Umschreibung der Freizeit als „Zeit für mich und meine Interessen" (10,4%). Es fällt auf, dass die Kategorie „Gestaltungsfreiheit, keine Verpflichtungen", die der obigen Kategorie „Alles, was man nicht tun muss" in allen Gruppen überdurchschnittlich häufig genannt wurde (34,2%). Die Bedeutung von Freizeit als Regeneration von der Arbeit bzw. für die Arbeit (Kategorie „Entspannen, Erholen, Relaxen, Ausgleich") wurde bereits nur halb so häufig genannt (16,6%). Die übrigen beiden Kategorien entsprechen den obigen Definition als „Nicht-Arbeitszeit" (Kategorie „Alles außer Arbeit, Uni, Schule usw.") und als „alles, was Spaß macht bzw. alles, was einen erfüllt" (Kategorie „Alles, was Spaß macht, wozu ich Lust habe"). Diese wurden aber nur noch in 7,8% bzw. 11,9% der Nennungen artikuliert.

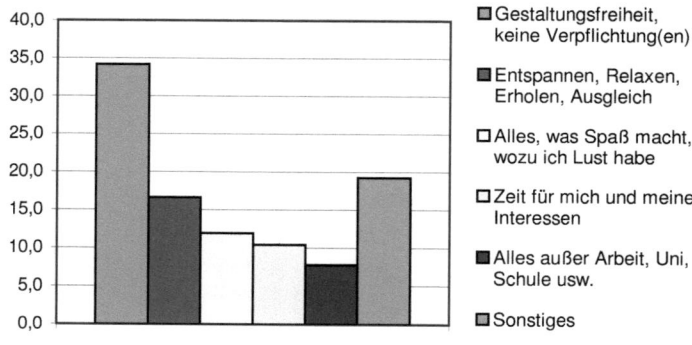

Abbildung 3: Frage „Was drückt für dich der Begriff „Freizeit aus"? (Ergebnisse in Prozent)

6.2 Ergebnisse bezüglich Schulzes Modell

Die Ergebnisse bezüglich Schulzes Modell lassen sich aufteilen in Ergebnisse, die (zumindest tendenziell) sein Modell stützen und solche, die (ebenfalls tendenziell) dem Modell widersprechen. Modellneutrale Ergebnisse werden hier aus Platzgründen nicht weiter erwähnt, diese können den Auswertungen im Anhang entnommen werden.

Bezüglich der Freizeitbeschäftigungen zeigt sich im Selbstverwirklichungsmilieu im Vergleich zum Unterhaltungsmilieu eine deutlich höhere Präferenz für „Theater, Kleinkunsttheater, Kabarett", „Kneipe / Café / Bistro" und „Musik machen". Bezüglich der Mediennutzung zeigt sich eine deutliche höhere Präferenz für Belletristik, Überregionale Tageszeitungen, Wochenzeitungen und Informationssendungen. Im Unterhaltungsmilieu zeigt sich demgegenüber eine höhere Präferenz für „Auto / Motorrad fahren bzw. tunen", Lokale/Regionale Tageszeitungen, wenig Lesen im Allgemeinen, Sportsendungen und Computer spielen. All diese Ergebnisse decken sich tendenziell mit den Aussagen Schulzes bezüglich des Freizeitstils der beiden Milieus. Im Unterhaltungsmilieu zeigt sich hierbei eine deutliche Nähe zum Spannungsschema, während im Selbstverwirklichungsmilieu eine Nähe sowohl zum Spannungsschema als v.a. auch zum Hochkulturschema deutlich wird.

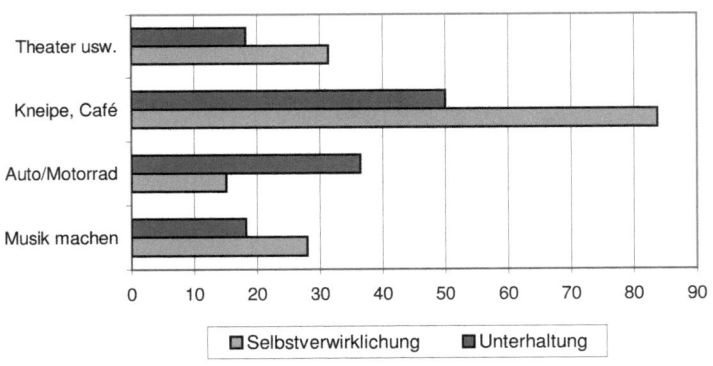

Abbildung 4: Ergebnisse, die Schulzes Modell stützen I (Ergebnisse in Prozent der positiven Nennungen)

16

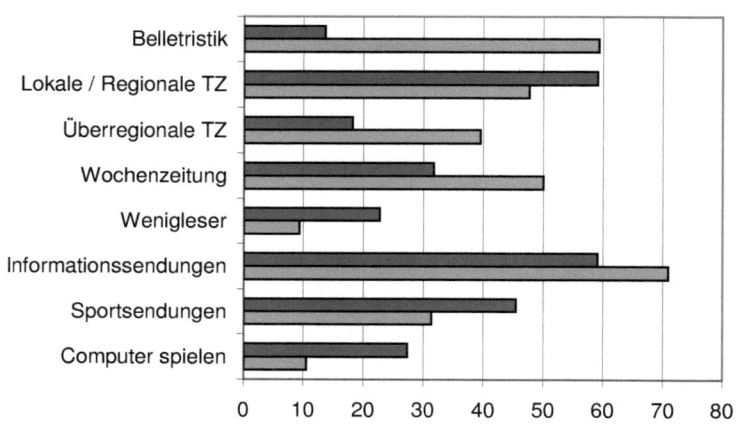

Abbildung 5: Ergebnisse, die Schulzes Modell stützen II (Ergebnisse in Prozent der positiven Nennungen)

Es gibt jedoch auch Ergebnisse, die Schulzes Aussagen widersprechen. So finden sich im Unterhaltungsmilieu im Vergleich zum Selbstverwirklichungsmilieu interessanter Weise deutlich höhere Präferenzen für Jazz-Konzerte und Jazz-Musik. Im Selbstverwirklichungsmilieu hingegen ist im Gegensatz dazu eine deutlich höhere Präferenz für Sport- oder Volksfeste, Video gucken, Spielfilme und Serien, „Urlaub in Hotel / Pension" sowie „Mallorca-Party-Urlaub o.ä.". Diese Ergebnisse zeigen zum einen eine gewisse Bedeutung des Hochkulturschemas auch im Unterhaltungsmilieu, zum anderen eine teilweise größere Nähe zum Spannungsschema im Selbstverwirklichungsmilieu als im Unterhaltungsmilieu. Auch die Präferenzen für „Auto / Motorrad fahren bzw. tunen" liegen deutlich näher beieinander, wenn nur die männlichen Befragten aus beiden Milieus betrachtet werden. Diese Freizeitbeschäftigung wird von Schulze immer wieder als typisches Zeichen für das Unterhaltungsmilieu angeführt. Hierbei wird jedoch auch wiederum deutlich, dass die Ergebnisse teilweise stark durch die Geschlechterverteilung verzerrt sein können. Um zu wirklich aussagekräftigen Ergebnissen bezüglich Schulzes Modell zu gelangen, müsste als eine Erhebung mit Zufallsstichprobe und höherer Fallzahl durchgeführt werden. Im Vergleich zu den Ergebnissen der Aufteilung in Studierende und Schüler zeigen sich außerdem in vielen Fällen deutlich schwächere Unterschiede bezüglich der präferierten Freizeitbeschäftigungen. Besonders deutlich zeigt sich das bei der Zahl der ausgeübten Sportarten (s. Abb. 7). Es wäre also weiter zu prüfen, ob der Ausbildungsort ein trennschärferes Kriterium bezüglich der Freizeitbeschäftigungen darstellt als das soziale Milieu.

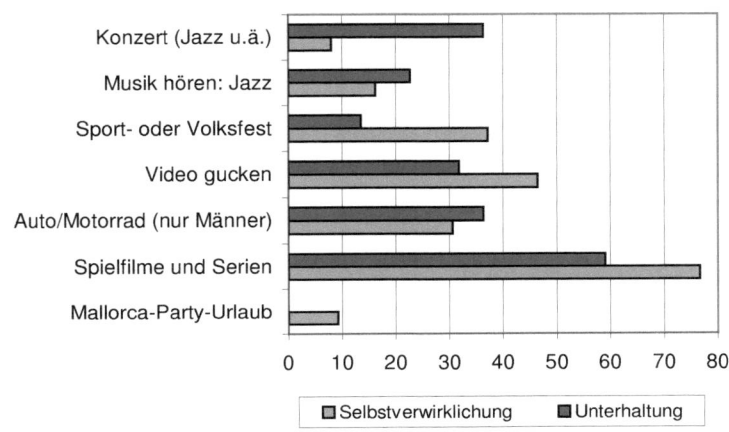

Abbildung 6: Ergebnisse, die Schulzes Modell widersprechen (Ergebnisse in Prozent der positiven Nennungen)

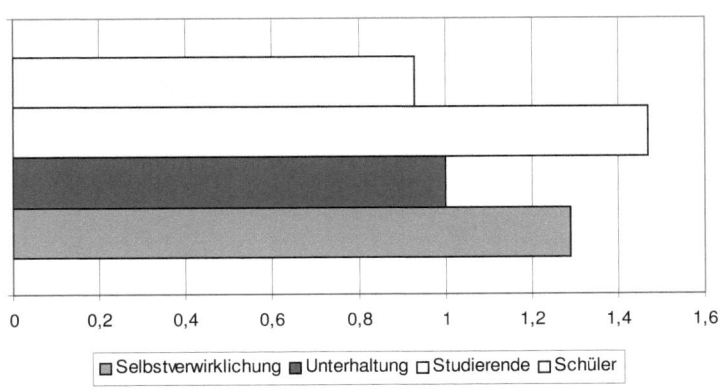

Abbildung 7: Durchschnittliche Anzahl an Sportarten nach Milieu und Ausbildungsort

Zuletzt soll hier noch auf einige weitere interessante Ergebnisse hingewiesen werden. Im Vergleich der beiden Milieus zeigen sich beispielsweise bezüglich der Präferenzen für neue Medien Tendenzen, die in Richtung des häufig diskutierten „Digital Divide" gehen. Das bedeutet – kurz gesagt - eine Teilung der Gesellschaft in „Wissende" und „Nichtwissende"

18

durch die zunehmende Verbreitung der neuen Medien, die schneller durch die besser Gebildeten angenommen werden.

Zuletzt ist im Unterhaltungsmilieu eine deutlich höhere Präferenz für das Urlaubsziel Deutschland festzustellen, während man im Selbstverwirklichungsmilieu deutlich häufiger zum Last-Minute-Urlaub neigt. Die Präferenz für das Urlaubsziel Deutschland im Unterhaltungsmilieu lässt auf eine gewisse Nähe zum Harmonie- bzw. Integrationsmilieu schließen, bei denen Gemütlichkeit als typisches Genussmuster gilt. Tatsächlich ist eine Nähe dieser drei Milieus einleuchtend, da Mitglieder des Unterhaltungsmilieus mit zunehmendem Alter höchstwahrscheinlich in eines der beiden genannten älteren Milieus wechseln werden (und nicht ins Niveaumilieu). Die Präferenz für Last-Minute-Urlaub im Selbstverwirklichungsmilieu ist ebenfalls einleuchtend. Hier äußerst sich offensichtlich die spontane Komponente des milieutypischen Lebensstils. Schulze verweist hier auf die für das Milieu äußerst typischen „Trips"[40], d.h. Episoden im Alltagsleben, die sich im Vergleich zu den anderen Milieus sehr schnell abwechseln (z.B. Familientrip, Eigenheimtrip, Alternativtrip usw.). Die übrigen Reisegewohnheiten zeigen weder deutliche Tendenzen bezüglich einer Bestätigung noch einer Widerlegung von Schulzes Thesen (s. Auswertungen im Anhang), was wiederum eine Folge der mangelhaften Datenbasis sein könnte. Auf diese Ergebnisse wird deshalb hier nicht weiter eingegangen.

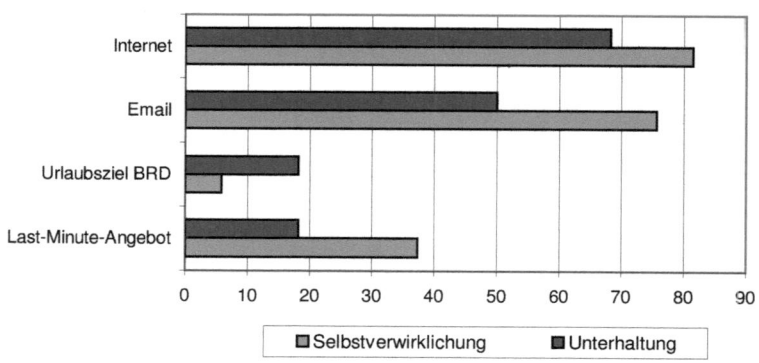

Abbildung 8: Sonstige interessante Ergebnisse bezüglich Schulzes Modell (Ergebnisse in Prozent der positiven Nennungen)

---

[40] Schulze (1992), S. 316

7 Anhang: Tabellen, Abbildungen, Fragebogen und Auswertungsdaten

	Genussmuster	Typische Zeichen (Freizeitstil)
Hochkulturschema	Kontemplation	Klassische Musik, Museumsbesuch, Lektüre „guter Literatur"
Trivialschema	Gemütlichkeit	Deutscher Schlager, Heimatfilm, Fernsehquiz, Arztroman
Spannungsschema	Action	Rockmusik, Thriller, Ausgehen (Kneipen, Discos, Kinos usw.)

Tabelle 2: Alltagsästhetische Schemata (Quelle: nach Schulze, 1992, S. 163)

Stil / Milieu	Genussmuster	Hochkultur-schema	Trivialschema	Spannungs-schema
Unterhaltungsmilieu	Action	--	-	++
Selbstverwirklichungs-milieu	Action & Kontemplation	+	--	+
Harmoniemilieu	Gemütlichkeit	--	++	--
Integrationsmilieu	Gemütlichkeit & Kontemplation	+	+	-
Niveaumilieu	Kontemplation	++	--	--

Tabelle 3: Soziale Milieus und deren Nähe bzw. Distanz zu den alltagsästhetischen Schemata (Quelle: nach Schulze, 1992 / Band, 1994)

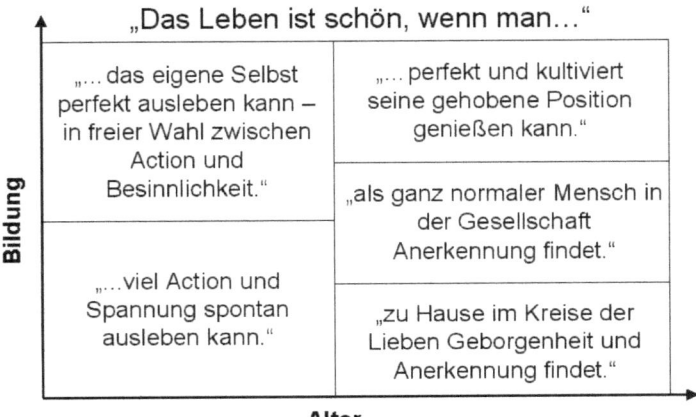

Abbildung 9: Milieus nach Vorstellung vom „schönen Leben" ((Quelle: Wenzel, 1999)

Soziale Milieus	Niveaumilieu	Harmoniemilieu	Integrationsmilieu	Selbstverwirk.milieu	Unterhaltungsmilieu
Soziale Lage	• Über 40 Jahre • Hohe Bildung • Gehobener beruflicher Status	• Über 40 Jahre • Geringe Bildung • Niedriger beruflicher Status	• Über 40 Jahre • Mittlere Bildung • Mittlerer beruflicher Status	• Unter 40 Jahre • Mittlere & höhere Bildung • Mittlerer beruflicher Status	• Unter 40 Jahre • Niedrige & mittlere Bildung • niedriger beruflicher Status
Typische Vertreter	• Leitende Angestellte • Ärzte, Professoren • Rechtsanwälte	• Rentner • Hausfrauen • ältere Arbeiter	• Mittlere Angestellte in Banken, Versicherungen, Behörden	• Studenten, junge Berufseinsteiger • Alternative/Yuppies	• Fließbandarbeiter • Kfz-Mechaniker • VerkäuferInnen
Typisches Freizeitverhalten	• Konzert, Theater, Oper • Museum, Ausstellungen • Teure Restaurants mit gehobener Atmosphäre • Tennis- und Golfclubs • „gute" Literatur	• zu Hause bleiben • Männer: Fußballstadion, Auto/ Motorrad pflegen • Frauen: Kochen, Saubermachen, Sachen in Ordnung bringen • Kaffeefahrten („heizbare Wolldecken") • Großwohnanlage auf Mallorca	• Beschäftigung im/mit Eigenheim, Garten • Kirche, Vereine (sehr hoher Anteil) • Zu Hause bleiben/Kochen/ Saubermachen • Theater/ Ausstellungen/ klassische Konzerte	• Rockkonzerte, Kino, Cafés, Kneipen („Kneipenszene") • Jazzkonzerte, Filmkunst, Kabarett („Neue Kulturszene") • Selbsterfahrung (Malen, Yoga, Psychotherapie) • Sport • Individualtourismus / Rucksacktourismus	• Spielhölle, Videothek, Kino, Disko • Fitnessstudio, Fußballstadion, Sport- und Volksfeste, Sportveranstaltungen • Auto/Motorrad fahren, pflegen und tunen → Selektion aufgrund von Stimulation und Abwechslung
Typischer Medienkonsum	• Lesen: Überregionale Tageszeitungen, Wochenzeitungen (Zeit und Spiegel), Belletristik • Musik: Klassische Musik, anspruchsvolle Jazzmusik • TV: politische Diskussionen, Dokus, Kulturmagazine, zeitgeschichtliche Sendungen	• v.a. TV: Heimatfilme, Fernsehquiz, Naturfilme, Musikantenstadl, lokale Sendungen • Lesen: Trivialliteratur, Boulevardblätter, Goldenes Blatt u.ä., Anzeigenblätter • Musik: Volks-/Blasmusik, deutscher Schlager, leichte U-Musik	• Ähnlichkeit mit Harmoniemilieu bezüglich Regionalismus („Lokales") und Trivialliteratur • Ähnlichkeit mit Niveaumilieu bezüglich klassischer Orientierung (Oper, klassische Musik, anspruchsvolle Jazzmusik	• Lesen: Distanz zu Boulevardblättern, Vorliebe für überregionale Tageszeitungen und Wochenzeitungen (Spiegel, Zeit…) • Musik: Pop/Rock, Jazz, Klassik • TV: intellektuelle Orientierung, Ablehnung von Trivialem	• TV/Videos: Daily Soaps, Actionfilme, Sportsendungen (= Programme mit starken Erlebnisreizen in kurzer Periodisierung • Musik: Pop/Rock, Charts, deutscher Schlager • (Lesen: Trivialliteratur, Boulevardblätter,…)

Tabelle 4: Soziale Milieus nach Schulze (Quelle: nach Schulze, 1992)

Freizeit-Fragebogen

1) Angaben zur Person

Alter:
Geschlecht (m/w):
Höchster Bildungsabschluss (Abitur, Ausbildung, Vordiplom,...):
Familienstand:
Kinder (wenn ja, wie viele):

2) Was drückt für Dich der Begriff „Freizeit" aus? (in Stichworten oder ausformuliert)

3) Welchen der unten aufgeführten Freizeitbeschäftigungen bist Du im letzten Monat nachgegangen? (Mehrfachnennungen möglich)
→ Wichtig: nur Tätigkeiten ankreuzen, die als Freizeit empfunden werden!

Kultur	
Konzert (Klassische Musik)	
Konzert (Rock, Pop, Hip Hop u.ä.)	
Konzert (Jazz, Blues o.ä.)	
Theater, Kleinkunsttheater, Kabarett	
Oper, Musical	
Museum, sonstige Ausstellung	
Kino, Filmkunst	
Sonstiges:	

Zu Hause	
Beschäftigung mit Wohnung / Garten	
Saubermachen	
Kochen	
Video gucken	
Abhängen / Nichts tun	
Freunde einladen	
Gesellschaftsspiele	
Medien (TV, Radio, Lesen, Internet,...)	
Sonstiges:	

Ausgehen / Weggehen	
Restaurant / Essen gehen	
Kneipe / Café / Bistro	
Disco / Club	
Spielhalle	
Sport- oder Volksfest	
Sonstiges:	

Weitere Freizeitbeschäftigungen	
Kirche / Kirchliche Tätigkeit	
Vereinstätigkeit	
Spirituelles (Yoga, Meditation u.ä.)	
Selbstfindung (Gesprächsgruppen u.ä.)	
Auto / Motorrad fahren bzw. tunen	
Musik machen	
Shoppen	
Zeit mit dem Partner verbringen	
Sonstiges:	

Sport	
Sportveranstaltungen besuchen	
Selbst Sport treiben, Sportart(en):	

4) Welche der unten aufgeführten Tätigkeiten würdest Du selbst als Deine bevorzugte Art der Mediennutzung bezeichnen? (Mehrfachnennungen möglich)
→ Wichtig: nur Tätigkeiten ankreuzen, die als Freizeit empfunden werden!

Lesen	
Belletristik	
Sachliteratur	
Trivialliteratur („Groschenromane")	
Lokale/Regionale Tageszeitung	
Überregionale Tageszeitung	
Wochenzeitung (Spiegel, Zeit,...)	
Boulevardzeitung (z.B. Bild)	
Illustrierte (z.B. Stern, Bunte...)	
Frauen-/Männerzeitschrift	
Sonstiges:	

Ich lese eher wenig.	

Fernsehen	
Shows und Spiele	
Sportsendungen	
Informationssendungen	
Spielfilme und Serien	
Sonstiges:	

Ich sehe eher selten fern.	

Musik hören	
Charts	
Pop / Rock	
Jazz, Blues u.ä.	
Techno, Trance u.ä.	
Soul, Black Music u.ä.	
Klassik	
Alles mögliche / Querbeet	
Sonstige Musikarten:	

Ich höre eher selten Musik.	

Weitere Mediennutzungsformen	
Radio	
Internet	
Email	
Computer spielen	
Sonstiges:	

5) Welche der unten aufgeführten Urlaubsarten würdest Du selbst als Deine bevorzugte Art des Verreisens bezeichnen?

Ziel (keine Mehrfachnennung)	
Deutschland	
Ausland (Europa)	
Ausland (anderer Kontinent)	

Art des Urlaubs (auch Mehrfachnennungen)	
Organisierte Busreisen	
Ferienhaus in Großwohnanlage	
Urlaub in Hotel / Pension	
Urlaub mit Wohnwagen / Wohnmobil	
All-Inclusive-Angebot	
Mallorca-Party-Urlaub o.ä.	
Last-Minute-Angebot	
Individualreisen (selbst organisiert)	
Aktiv-Urlaub (Wandern, Radeln,...)	
Camping-Urlaub	
Sonstiges:	

Auswertungsergebnisse

Beispiele für Nennungen zum Freizeitbegriff

a) Kategorie „Eigene Gestaltungsfreiheit, keine Verpflichtung(en)"

- „freie Wahl der Beschäftigung / des Zeitvertreibs"
- „freie Zeit, die ich nutzen kann, wie ich will, in der ich machen kann, was ich will"
- „selbstgegebene Aktivität im Gegensatz zu fremdgegebener"
- „Zeit außerhalb meiner unbedingten Verpflichtungen"
- „keine Verpflichtung"

b) Kategorie „Entspannen, Relaxen, Erholen, Ausgleich"

- „Erholung vom alltäglichen Stress"
- „kein Lernstress"
- „Abwechslung vom schulischen / beruflichen Alltag"
- „Faulenzen, Ruhe genießen"
- „Relaxen"

c) Kategorie „Alles, was Spaß macht, wozu ich Lust habe"

- „das tun, was Spaß macht"
- „Zeit, das tun zu können, was einem Spaß macht, entspannt und anregt"
- „Zeit, in der ich Tätigkeiten nachgehe, die mir Spaß machen"
- „Spaß"

d) Kategorie „Zeit für mich und meine Interessen"

- „freie Zeit, in der ich meinen Interessen nachgehen kann"
- „mich mit dem beschäftigen, was mich wirklich interessiert"
- „Möglichkeit, die persönlichen Interessen zu entfalten"
- „Zeit für eigene, private Bedürfnisse"
- „Zeit haben für mich selbst"

e) Kategorie „Alles außer Arbeit, Uni, Schule usw."

- „alles außer Arbeit, Schule, Wegezeiten"
- „Zeit minus Schlaf, Arbeit/Schule, Familie"
- „etwas für mich tun, das nichts mit Beruf / Studium zu tun hat"
- „alles außerhalb der Schul- bzw. Arbeitszeit"
- „nicht arbeiten müssen"

f) Kategorie „Sonstiges"

- „aus dem Alltag ausbrechen"
- „möglichst viel Zeit mit der Familie verbringen"
- „meinen Garten nutzen"
- „Luxus"
- „Sport"
- „Aktivitäten"

Ergebnisse: Unterhaltungsmilieu (alle Ergebnisse in % der positiven Nennungen)

1) Angaben zur Person

Gesamt: 22 Personen
Alter (Durchschnitt): 27,6 Jahre (23-39 Jahre)
Geschlecht (m/w): 100 % männlich
Familienstand: 86,4 % ledig / 13,6 % verheiratet
Kinder (wenn ja, wie viele): 0,36

2) Was drückt für Dich der Begriff „Freizeit" aus? (in Stichworten oder ausformuliert)

Eigene Gestaltungsfreiheit, keine Verpflichtung(en): 10 = 27,8 %
Entspannen, Relaxen, Erholen, Ausgleich: 5 = 13,9 %
Alles, was Spaß macht, wozu ich Lust habe: 4 = 11,1 %
Zeit für mich und meine Interessen: 3 = 8,3 %
Alles außer Arbeit, Uni, Schule usw.: 3 = 8,3 %
Sonstiges: 11 = 30,6 %
Gesamt: 36 Nennungen

3) Welchen der unten aufgeführten Freizeitbeschäftigungen bist Du im letzten Monat nachgegangen? (Mehrfachnennungen möglich)
→ **Wichtig: nur Tätigkeiten ankreuzen, die als Freizeit empfunden werden!**

Kultur	
Konzert (Klassische Musik)	4,5
Konzert (Rock, Pop, Hip Hop u.ä.)	36,4
Konzert (Jazz, Blues o.ä.)	18,2
Theater, Kleinkunsttheater, Kabarett	18,2
Oper, Musical	4,5
Museum, sonstige Ausstellung	18,2
Kino, Filmkunst	63,6
Sonstiges:	

Zu Hause	
Beschäftigung mit Wohnung / Garten	63,6
Saubermachen	27,3
Kochen	36,4
Video gucken	31,8
Abhängen / Nichts tun	54,5
Freunde einladen	50,0
Gesellschaftsspiele	18,2
Medien (TV, Radio, Lesen, Internet,...)	68,2
Sonstiges:	

Ausgehen / Weggehen	
Restaurant / Essen gehen	72,7
Kneipe / Café / Bistro	50,0
Disco / Club	27,3
Spielhalle	4,5
Sport- oder Volksfest	13,6
Sonstiges:	

Weitere Freizeitbeschäftigungen	
Kirche / Kirchliche Tätigkeit	9,1
Vereinstätigkeit	13,6
Spirituelles (Yoga, Meditation u.ä.)	0
Selbstfindung (Gesprächsgruppen u.ä.)	4,5
Auto / Motorrad fahren bzw. tunen	36,4
Musik machen	18,2
Shoppen	27,3
Zeit mit dem Partner verbringen	59,1
Sonstiges:	

Sport	
Sportveranstaltungen besuchen	22,7
Selbst Sport treiben, Sportart(en): *	

4) Welche der unten aufgeführten Tätigkeiten würdest Du selbst als Deine bevorzugte Art der Mediennutzung bezeichnen? (Mehrfachnennungen möglich)
→ **Wichtig: nur Tätigkeiten ankreuzen, die als Freizeit empfunden werden!**

Lesen	
Belletristik	13,6
Sachliteratur	45,5
Trivialliteratur („Groschenromane")	0,0
Lokale/Regionale Tageszeitung	59,1
Überregionale Tageszeitung	18,2
Wochenzeitung (Spiegel, Zeit,...)	31,8
Boulevardzeitung (z.B. Bild)	4,5
Illustrierte (z.B. Stern, Bunte...)	18,2
Frauen-/Männerzeitschrift	13,6
Sonstiges:	
Ich lese eher wenig.	22,7

Musik hören	
Charts	36,4
Pop / Rock	40,9
Jazz, Blues u.ä.	22,7
Techno, Trance u.ä.	18,2
Soul, Black Music u.ä.	22,7
Klassik	13,6
Alles mögliche / Querbeet	36,4
Sonstige Musikarten:	
Ich höre eher selten Musik.	9,1

Fernsehen	
Shows und Spiele	18,2
Sportsendungen	45,5
Informationssendungen	59,1
Spielfilme und Serien	59,1
Sonstiges:	
Ich sehe eher selten fern.	18,2

Weitere Mediennutzungsformen	
Radio	59,1
Internet	68,2
Email	50,0
Computer spielen	27,3
Sonstiges:	

5) Welche der unten aufgeführten Urlaubsarten würdest Du selbst als Deine bevorzugte Art des Verreisens bezeichnen?

Ziel (keine Mehrfachnennung)	
Deutschland	18,2
Ausland (Europa)	40,9
Ausland (anderer Kontinent)	31,8

Art des Urlaubs (auch Mehrfachnennungen)	
Organisierte Busreisen	4,5
Ferienhaus in Großwohnanlage	18,2
Urlaub in Hotel / Pension	31,8
Urlaub mit Wohnwagen / Wohnmobil	9,1
All-Inclusive-Angebot	27,3
Mallorca-Party-Urlaub o.ä.	0,0
Last-Minute-Angebot	18,2
Individualreisen (selbst organisiert)	63,6
Aktiv-Urlaub (Wandern, Radeln,...)	36,4
Camping-Urlaub	27,3
Sonstiges:	

* zu Frage 3:

Welche Sportarten:
Fahrrad fahren: 31,8
Joggen/Laufen: 13,6
Schwimmen: 13,6
Aerobic: 0
Fitness: 0
Tennis: 0
Tae Bo: 0

Wie viele Sportarten:
0: 40,9
1: 31,8
2: 13,6
3: 13,6
4: 0

Ergebnisse: Selbstverwirkl.milieu (alle Ergebnisse in % der positiven Nennungen)

1) Angaben zur Person

Gesamt: 86 Personen
Alter (Durchschnitt): 23,8 Jahre (19-37 Jahre)
Geschlecht (m/w): 41,9 % männlich / 58,1 % weiblich
Familienstand: 95,3 % ledig / 4,7 % verheiratet
Kinder (wenn ja, wie viele): 0,02

2) Was drückt für Dich der Begriff „Freizeit" aus? (in Stichworten oder ausformuliert)

Eigene Gestaltungsfreiheit, keine Verpflichtung(en): 55 = 36,7 %
Entspannen, Relaxen, Erholen, Ausgleich: 27 = 18,0 %
Alles, was Spaß macht, wozu ich Lust habe: 17 = 11,3 %
Zeit für mich und meine Interessen: 14 = 9,3 %
Alles außer Arbeit, Uni, Schule usw.: 12 = 8,0 %
Sonstiges: 25 = 16,7 %
Gesamt: 150 Nennungen

3) Welchen der unten aufgeführten Freizeitbeschäftigungen bist Du im letzten Monat nachgegangen? (Mehrfachnennungen möglich)
→ **Wichtig: nur Tätigkeiten ankreuzen, die als Freizeit empfunden werden!**

Kultur	
Konzert (Klassische Musik)	3,5
Konzert (Rock, Pop, Hip Hop u.ä.)	41,9
Konzert (Jazz, Blues o.ä.)	8,1
Theater, Kleinkunsttheater, Kabarett	31,4
Oper, Musical	7,0
Museum, sonstige Ausstellung	22,1
Kino, Filmkunst	76,7
Sonstiges:	

Zu Hause	
Beschäftigung mit Wohnung / Garten	43,0
Saubermachen	37,2
Kochen	43,0
Video gucken	46,5
Abhängen / Nichts tun	61,6
Freunde einladen	80,2
Gesellschaftsspiele	27,9
Medien (TV, Radio, Lesen, Internet,...)	91,9
Sonstiges:	

Ausgehen / Weggehen	
Restaurant / Essen gehen	73,3
Kneipe / Café / Bistro	83,7
Disco / Club	47,7
Spielhalle	1,2
Sport- oder Volksfest	37,2
Sonstiges:	

Weitere Freizeitbeschäftigungen	
Kirche / Kirchliche Tätigkeit	4,7
Vereinstätigkeit	27,9
Spirituelles (Yoga, Meditation u.ä.)	4,7
Selbstfindung (Gesprächsgruppen u.ä.)	4,7
Auto / Motorrad fahren bzw. tunen	15,1
Musik machen	27,9
Shoppen	47,7
Zeit mit dem Partner verbringen	57,0
Sonstiges:	

Sport	
Sportveranstaltungen besuchen	24,4
Selbst Sport treiben, Sportart(en):*	

4) Welche der unten aufgeführten Tätigkeiten würdest Du selbst als Deine bevorzugte Art der Mediennutzung bezeichnen? (Mehrfachnennungen möglich)
→ Wichtig: nur Tätigkeiten ankreuzen, die als Freizeit empfunden werden!

Lesen	
Belletristik	59,3
Sachliteratur	40,7
Trivialliteratur („Groschenromane")	5,8
Lokale/Regionale Tageszeitung	47,7
Überregionale Tageszeitung	39,5
Wochenzeitung (Spiegel, Zeit,...)	50,0
Boulevardzeitung (z.B. Bild)	3,5
Illustrierte (z.B. Stern, Bunte...)	14,0
Frauen-/Männerzeitschrift	27,9
Sonstiges:	
Ich lese eher wenig.	9,3

Musik hören	
Charts	40,7
Pop / Rock	60,5
Jazz, Blues u.ä.	16,3
Techno, Trance u.ä.	8,1
Soul, Black Music u.ä.	24,4
Klassik	20,9
Alles mögliche / Querbeet	39,5
Sonstige Musikarten:	
Ich höre eher selten Musik.	7,0

Fernsehen	
Shows und Spiele	18,6
Sportsendungen	31,4
Informationssendungen	70,9
Spielfilme und Serien	76,7
Sonstiges:	
Ich sehe eher selten fern.	16,3

Weitere Mediennutzungsformen	
Radio	81,4
Internet	81,4
Email	75,6
Computer spielen	10,5
Sonstiges:	

5) Welche der unten aufgeführten Urlaubsarten würdest Du selbst als Deine bevorzugte Art des Verreisens bezeichnen?

Ziel (keine Mehrfachnennung)	
Deutschland	5,8
Ausland (Europa)	55,8
Ausland (anderer Kontinent)	22,1

Art des Urlaubs (auch Mehrfachnennungen)	
Organisierte Busreisen	5,8
Ferienhaus in Großwohnanlage	16,3
Urlaub in Hotel / Pension	46,5
Urlaub mit Wohnwagen / Wohnmobil	12,8
All-Inclusive-Angebot	20,9
Mallorca-Party-Urlaub o.ä.	9,3
Last-Minute-Angebot	37,2
Individualreisen (selbst organisiert)	58,1
Aktiv-Urlaub (Wandern, Radeln,...)	36,0
Camping-Urlaub	29,1
Sonstiges:	

* zu Frage 3:

Welche Sportarten:
Joggen/Laufen: 19,8
Schwimmen: 18,6
Fahrrad fahren: 14,0
Aerobic: 8,1
Fitness: 5,8
Fußball: 7
Tennis: 7
Tae Bo: 3,5

Wie viele Sportarten:
0: 39,5
1: 20,9
2: 17,4
3: 15,1
4: 7,0

Ergebnisse: Schüler (alle Ergebnisse in % der positiven Nennungen)

1) Angaben zur Person

Gesamt: 54 Personen
Alter (Durschnitt): 27,93 Jahre (17-39 Jahre)
Geschlecht (m/w): 85,2 % männlich / 14,8 % weiblich
Familienstand: 87 % ledig, 18,5 % verheiratet
Kinder (wenn ja, wie viele): 0,19

2) Was drückt für Dich der Begriff „Freizeit" aus? (in Stichworten oder ausformuliert)

Eigene Gestaltungsfreiheit, keine Verpflichtung(en): 26 = 31,0 %
Entspannen, Relaxen, Erholen, Ausgleich: 10 = 11,9 %
Zeit für mich und meine Interessen: 10 = 11,9 %
Alles, was Spaß macht, wozu ich Lust habe: 9 = 10,7 %
Alles außer Arbeit, Uni, Schule usw.: 9 = 10,7 %
Sonstiges: 20 = 23,8 %
Gesamt: 84 Nennungen

3) Welchen der unten aufgeführten Freizeitbeschäftigungen bist Du im letzten Monat nachgegangen? (Mehrfachnennungen möglich)
→ Wichtig: nur Tätigkeiten ankreuzen, die als Freizeit empfunden werden!

Kultur	
Konzert (Klassische Musik)	3,4
Konzert (Rock, Pop, Hip Hop u.ä.)	38,9
Konzert (Jazz, Blues o.ä.)	7,4
Theater, Kleinkunsttheater, Kabarett	16,7
Oper, Musical	1,9
Museum, sonstige Ausstellung	20,4
Kino, Filmkunst	61,1
Sonstiges:	

Zu Hause	
Beschäftigung mit Wohnung / Garten	57,4
Saubermachen	27,8
Kochen	44,4
Video gucken	31,5
Abhängen / Nichts tun	53,7
Freunde einladen	64,8
Gesellschaftsspiele	24,1
Medien (TV, Radio, Lesen, Internet,...)	72,2
Sonstiges:	

Ausgehen / Weggehen	
Restaurant / Essen gehen	66,7
Kneipe / Café / Bistro	70,4
Disco / Club	31,5
Spielhalle	1,9
Sport- oder Volksfest	33,3
Sonstiges:	

Weitere Freizeitbeschäftigungen	
Kirche / Kirchliche Tätigkeit	3,7
Vereinstätigkeit	18,5
Spirituelles (Yoga, Meditation u.ä.)	5,6
Selbstfindung (Gesprächsgruppen u.ä.)	3,7
Auto / Motorrad fahren bzw. tunen	31,5
Musik machen	22,2
Shoppen	27,8
Zeit mit dem Partner verbringen	59,3
Sonstiges:	

Sport	
Sportveranstaltungen besuchen	24,1
Selbst Sport treiben, Sportart(en):*	

4) Welche der unten aufgeführten Tätigkeiten würdest Du selbst als Deine bevorzugte Art der Mediennutzung bezeichnen? (Mehrfachnennungen möglich)
→ **Wichtig: nur Tätigkeiten ankreuzen, die als Freizeit empfunden werden!**

Lesen	
Belletristik	18,5
Sachliteratur	48,1
Trivialliteratur („Groschenromane")	1,9
Lokale/Regionale Tageszeitung	53,7
Überregionale Tageszeitung	22,2
Wochenzeitung (Spiegel, Zeit,...)	35,2
Boulevardzeitung (z.B. Bild)	7,4
Illustrierte (z.B. Stern, Bunte...)	16,7
Frauen-/Männerzeitschrift	14,8
Sonstiges:	
Ich lese eher wenig.	18,5

Fernsehen	
Shows und Spiele	16,7
Sportsendungen	40,7
Informationssendungen	61,1
Spielfilme und Serien	63,0
Sonstiges:	
Ich sehe eher selten fern.	22,2

Musik hören	
Charts	29,6
Pop / Rock	44,4
Jazz, Blues u.ä.	14,8
Techno, Trance u.ä.	13,0
Soul, Black Music u.ä.	18,5
Klassik	11,1
Alles mögliche / Querbeet	44,4
Sonstige Musikarten:	
Ich höre eher selten Musik.	7,4

Weitere Mediennutzungsformen	
Radio	72,2
Internet	64,8
Email	44,4
Computer spielen	20,4
Sonstiges:	

5) Welche der unten aufgeführten Urlaubsarten würdest Du selbst als Deine bevorzugte Art des Verreisens bezeichnen?

Ziel (keine Mehrfachnennung)	
Deutschland	14,8
Ausland (Europa)	40,7
Ausland (anderer Kontinent)	29,6

Art des Urlaubs (auch Mehrfachnennungen)	
Organisierte Busreisen	3,7
Ferienhaus in Großwohnanlage	11,1
Urlaub in Hotel / Pension	31,5
Urlaub mit Wohnwagen / Wohnmobil	13,0
All-Inclusive-Angebot	20,4
Mallorca-Party-Urlaub o.ä.	7,4
Last-Minute-Angebot	24,1
Individualreisen (selbst organisiert)	51,9
Aktiv-Urlaub (Wandern, Radeln,...)	42,6
Camping-Urlaub	38,9
Sonstiges:	

* zu Frage 3:

Welche Sportarten:
Fahrrad fahren: 27,8
Schwimmen: 11,1
Joggen/Laufen: 9,3
Aerobic: 0
Fitness: 0
Tennis: 0

Wie viele Sportarten:
0: 46,3
1: 29,6
2: 11,1
3: 11,1
4: 1,9

Ergebnisse: Studierende (alle Ergebnisse in % der positiven Nennungen)

1) Angaben zur Person

Gesamt: 58 Personen
Alter (Durchschnitt): 21,5 Jahre (19-29 Jahre)
Geschlecht (m/w): 22,4 % männlich / 77,6 % weiblich
Familienstand: 100 % ledig
Kinder (wenn ja, wie viele): 0,17

2) Was drückt für Dich der Begriff „Freizeit" aus? (in Stichworten oder ausformuliert)

Eigene Gestaltungsfreiheit, keine Verpflichtung(en): 40 = 36,7 %
Entspannen, Relaxen, Erholen, Ausgleich: 22 = 20,2 %
Alles, was Spaß macht, wozu ich Lust habe: 14 = 12,8 %
Zeit für mich und meine Interessen: 10 = 9,2 %
Alles außer Arbeit, Uni, Schule usw.: 6 = 5,5 %
Sonstiges: 17 = 15,6 %
Gesamt: 109 Nennungen

3) Welchen der unten aufgeführten Freizeitbeschäftigungen bist Du im letzten Monat nachgegangen? (Mehrfachnennungen möglich)
→ **Wichtig: nur Tätigkeiten ankreuzen, die als Freizeit empfunden werden!**

Kultur	
Konzert (Klassische Musik)	3,7
Konzert (Rock, Pop, Hip Hop u.ä.)	44,8
Konzert (Jazz, Blues o.ä.)	12,1
Theater, Kleinkunsttheater, Kabarett	37,9
Oper, Musical	10,3
Museum, sonstige Ausstellung	22,4
Kino, Filmkunst	86,2
Sonstiges:	

Zu Hause	
Beschäftigung mit Wohnung / Garten	34,5
Saubermachen	39,7
Kochen	37,9
Video gucken	55,2
Abhängen / Nichts tun	63,8
Freunde einladen	84,5
Gesellschaftsspiele	31,0
Medien (TV, Radio, Lesen, Internet,...)	98,3
Sonstiges:	

Ausgehen / Weggehen	
Restaurant / Essen gehen	75,9
Kneipe / Café / Bistro	84,5
Disco / Club	53,4
Spielhalle	1,7
Sport- oder Volksfest	31,0
Sonstiges:	

Weitere Freizeitbeschäftigungen	
Kirche / Kirchliche Tätigkeit	6,9
Vereinstätigkeit	29,3
Spirituelles (Yoga, Meditation u.ä.)	3,4
Selbstfindung (Gesprächsgruppen u.ä.)	5,2
Auto / Motorrad fahren bzw. tunen	8,6
Musik machen	27,6
Shoppen	58,6
Zeit mit dem Partner verbringen	56,9
Sonstiges:	

Sport	
Sportveranstaltungen besuchen	24,1
Selbst Sport treiben, Sportart(en): *	

4) Welche der unten aufgeführten Tätigkeiten würdest Du selbst als Deine bevorzugte Art der Mediennutzung bezeichnen? (Mehrfachnennungen möglich)
→ **Wichtig: nur Tätigkeiten ankreuzen, die als Freizeit empfunden werden!**

Lesen	
Belletristik	75,9
Sachliteratur	34,5
Trivialliteratur („Groschenromane")	8,6
Lokale/Regionale Tageszeitung	44,8
Überregionale Tageszeitung	44,8
Wochenzeitung (Spiegel, Zeit,...)	56,9
Boulevardzeitung (z.B. Bild)	1,7
Illustrierte (z.B. Stern, Bunte...)	13,8
Frauen-/Männerzeitschrift	32,8
Sonstiges:	
Ich lese eher wenig.	5,2

Musik hören	
Charts	48,3
Pop / Rock	69,0
Jazz, Blues u.ä.	20,7
Techno, Trance u.ä.	8,6
Soul, Black Music u.ä.	32,8
Klassik	25,9
Alles mögliche / Querbeet	32,8
Sonstige Musikarten:	
Ich höre eher selten Musik.	6,9

Fernsehen	
Shows und Spiele	20,7
Sportsendungen	27,6
Informationssendungen	74,1
Spielfilme und Serien	81,0
Sonstiges:	
Ich sehe eher selten fern.	12,1

Weitere Mediennutzungsformen	
Radio	81,0
Internet	89,7
Email	91,4
Computer spielen	10,3
Sonstiges:	

5) Welche der unten aufgeführten Urlaubsarten würdest Du selbst als Deine bevorzugte Art des Verreisens bezeichnen?

Ziel (keine Mehrfachnennung)	
Deutschland	1,7
Ausland (Europa)	62,1
Ausland (anderer Kontinent)	22,4

Art des Urlaubs (auch Mehrfachnennungen)	
Organisierte Busreisen	6,9
Ferienhaus in Großwohnanlage	20,7
Urlaub in Hotel / Pension	56,9
Urlaub mit Wohnwagen / Wohnmobil	10,3
All-Inclusive-Angebot	24,1
Mallorca-Party-Urlaub o.ä.	8,6
Last-Minute-Angebot	43,1
Individualreisen (selbst organisiert)	65,5
Aktiv-Urlaub (Wandern, Radeln,...)	31,0
Camping-Urlaub	19,0
Sonstiges:	

* zu Frage 3:

Welche Sportarten:
Joggen/Laufen: 25,8
Schwimmen: 24,1
Aerobic: 12,1
Tennis: 10,3
Fahrrad fahren: 8,6
Fitness: 8,6
Tae Bo: 5,2

Wie viele Sportarten:
0: 36,2
1: 15,5
2: 22,4
3: 17,2
4: 8,6

Ergebnisse: Männer (alle Ergebnisse in % der positiven Nennungen)

1) Angaben zur Person

Gesamt: 59 Personen
Alter: 26,7 Jahre (21-39 Jahre)
Familienstand: 52, ledig, 7 verheiratet
Kinder (wenn ja, wie viele): 0,17

2) Was drückt für Dich der Begriff „Freizeit" aus? (in Stichworten oder ausformuliert)

Eigene Gestaltungsfreiheit, keine Verpflichtung(en): 33 = 36,3 %
Entspannen, Relaxen, Erholen, Ausgleich: 13 = 14,3 %
Zeit für mich und meine Interessen: 9 = 9,9 %
Alles außer Arbeit, Uni, Schule usw.: 9 = 9,9 %
Alles, was Spaß macht, wozu ich Lust habe: 8 = 8,8 %
Sonstiges: 19 = 20,9 %
Gesamt: 91 Nennungen

3) Welchen der unten aufgeführten Freizeitbeschäftigungen bist Du im letzten Monat nachgegangen? (Mehrfachnennungen möglich)
→ **Wichtig: nur Tätigkeiten ankreuzen, die als Freizeit empfunden werden!**

Kultur	
Konzert (Klassische Musik)	3,4
Konzert (Rock, Pop, Hip Hop u.ä.)	37,3
Konzert (Jazz, Blues o.ä.)	13,6
Theater, Kleinkunsttheater, Kabarett	23,7
Oper, Musical	5,1
Museum, sonstige Ausstellung	18,6
Kino, Filmkunst	69,5
Sonstiges:	

Zu Hause	
Beschäftigung mit Wohnung / Garten	50,8
Saubermachen	37,3
Kochen	42,4
Video gucken	40,7
Abhängen / Nichts tun	50,8
Freunde einladen	66,1
Gesellschaftsspiele	23,7
Medien (TV, Radio, Lesen, Internet,...)	83,1
Sonstiges:	

Ausgehen / Weggehen	
Restaurant / Essen gehen	72,9
Kneipe / Café / Bistro	72,9
Disco / Club	37,3
Spielhalle	1,7
Sport- oder Volksfest	35,6
Sonstiges:	

Weitere Freizeitbeschäftigungen	
Kirche / Kirchliche Tätigkeit	6,8
Vereinstätigkeit	23,7
Spirituelles (Yoga, Meditation u.ä.)	5,1
Selbstfindung (Gesprächsgruppen u.ä.)	3,4
Auto / Motorrad fahren bzw. tunen	32,2
Musik machen	28,8
Shoppen	25,4
Zeit mit dem Partner verbringen	55,9
Sonstiges:	

Sport	
Sportveranstaltungen besuchen	28,8
Selbst Sport treiben, Sportart(en): *	

4) Welche der unten aufgeführten Tätigkeiten würdest Du selbst als Deine bevorzugte Art der Mediennutzung bezeichnen? (Mehrfachnennungen möglich)
→ Wichtig: nur Tätigkeiten ankreuzen, die als Freizeit empfunden werden!

Lesen	
Belletristik	30,5
Sachliteratur	50,8
Trivialliteratur („Groschenromane")	1,7
Lokale/Regionale Tageszeitung	52,5
Überregionale Tageszeitung	32,2
Wochenzeitung (Spiegel, Zeit,...)	42,4
Boulevardzeitung (z.B. Bild)	6,8
Illustrierte (z.B. Stern, Bunte...)	13,6
Frauen-/Männerzeitschrift	10,2
Sonstiges:	
Ich lese eher wenig.	18,6

Fernsehen	
Shows und Spiele	18,6
Sportsendungen	52,5
Informationssendungen	64,4
Spielfilme und Serien	62,7
Sonstiges:	
Ich sehe eher selten fern.	18,6

Musik hören	
Charts	32,2
Pop / Rock	52,5
Jazz, Blues u.ä.	20,3
Techno, Trance u.ä.	13,6
Soul, Black Music u.ä.	16,9
Klassik	18,6
Alles mögliche / Querbeet	35,6
Sonstige Musikarten:	
Ich höre eher selten Musik.	6,8

Weitere Mediennutzungsformen	
Radio	74,6
Internet	71,2
Email	57,6
Computer spielen	18,6
Sonstiges:	

5) Welche der unten aufgeführten Urlaubsarten würdest Du selbst als Deine bevorzugte Art des Verreisens bezeichnen?

Ziel (keine Mehrfachnennung)	
Deutschland	11,9
Ausland (Europa)	47,5
Ausland (anderer Kontinent)	28,8

Art des Urlaubs (auch Mehrfachnennungen)	
Organisierte Busreisen	5,1
Ferienhaus in Großwohnanlage	15,3
Urlaub in Hotel / Pension	33,9
Urlaub mit Wohnwagen / Wohnmobil	6,8
All-Inclusive-Angebot	20,3
Mallorca-Party-Urlaub o.ä.	10,2
Last-Minute-Angebot	27,1
Individualreisen (selbst organisiert)	57,6
Aktiv-Urlaub (Wandern, Radeln,...)	40,7
Camping-Urlaub	33,9
Sonstiges:	

* zu Frage 3:

Welche Sportarten:
Fahrrad fahren: 22,0
Joggen/Laufen: 15,3
Schwimmen: 11,9
Tennis: 5,1
Fitness: 1,7
Aerobic: 0
Tae Bo: 0

Wie viele Sportarten:
0: 45,8
1: 27,1
2: 10,2
3: 13,6
4: 3,4

Ergebnisse: Frauen (alle Ergebnisse in % der positiven Nennungen)

1) Angaben zur Person

Anzahl: 53 Personen
Alter: 22,25 Jahre (17-35 Jahre)
Familienstand: 53 verheiratet
Kinder (wenn ja, wie viele): 0,0

2) Was drückt für Dich der Begriff „Freizeit" aus? (in Stichworten oder ausformuliert)

Eigene Gestaltungsfreiheit, keine Verpflichtung(en): 33 = 32,4 %
Entspannen, Relaxen, Erholen, Ausgleich: 19 = 18,6 %
Alles, was Spaß macht, wozu ich Lust habe: 15 = 14,7 %
Zeit für mich und meine Interessen: 11 = 10,8 %
Alles außer Arbeit, Uni, Schule usw.: 6 = 5,9 %
Sonstiges: 18 = 17,6 %
Gesamt: 102 Nennungen

3) Welchen der unten aufgeführten Freizeitbeschäftigungen bist Du im letzten Monat nachgegangen? (Mehrfachnennungen möglich)
→ **Wichtig: nur Tätigkeiten ankreuzen, die als Freizeit empfunden werden!**

Kultur	
Konzert (Klassische Musik)	3,8
Konzert (Rock, Pop, Hip Hop u.ä.)	47,2
Konzert (Jazz, Blues o.ä.)	5,7
Theater, Kleinkunsttheater, Kabarett	32,1
Oper, Musical	7,5
Museum, sonstige Ausstellung	24,5
Kino, Filmkunst	79,2
Sonstiges:	

Zu Hause	
Beschäftigung mit Wohnung / Garten	39,6
Saubermachen	30,2
Kochen	39,6
Video gucken	47,2
Abhängen / Nichts tun	67,9
Freunde einladen	84,9
Gesellschaftsspiele	32,1
Medien (TV, Radio, Lesen, Internet,...)	88,7
Sonstiges:	

Ausgehen / Weggehen	
Restaurant / Essen gehen	69,8
Kneipe / Café / Bistro	83,0
Disco / Club	49,1
Spielhalle	1,9
Sport- oder Volksfest	28,3
Sonstiges:	

Weitere Freizeitbeschäftigungen	
Kirche / Kirchliche Tätigkeit	3,8
Vereinstätigkeit	24,5
Spirituelles (Yoga, Meditation u.ä.)	3,8
Selbstfindung (Gesprächsgruppen u.ä.)	5,7
Auto / Motorrad fahren bzw. tunen	5,7
Musik machen	20,8
Shoppen	64,2
Zeit mit dem Partner verbringen	60,4
Sonstiges:	

Sport	
Sportveranstaltungen besuchen	18,9
Selbst Sport treiben, Sportart(en): *	

4) Welche der unten aufgeführten Tätigkeiten würdest Du selbst als Deine bevorzugte Art der Mediennutzung bezeichnen? (Mehrfachnennungen möglich)
→ Wichtig: nur Tätigkeiten ankreuzen, die als Freizeit empfunden werden!

Lesen	
Belletristik	67,9
Sachliteratur	30,2
Trivialliteratur („Groschenromane")	7,5
Lokale/Regionale Tageszeitung	45,3
Überregionale Tageszeitung	35,8
Wochenzeitung (Spiegel, Zeit,...)	50,9
Boulevardzeitung (z.B. Bild)	1,9
Illustrierte (z.B. Stern, Bunte...)	17,0
Frauen-/Männerzeitschrift	39,6
Sonstiges:	
Ich lese eher wenig.	3,8

Fernsehen	
Shows und Spiele	18,9
Sportsendungen	13,2
Informationssendungen	71,7
Spielfilme und Serien	83,0
Sonstiges:	
Ich sehe eher selten fern.	15,1

Musik hören	
Charts	47,2
Pop / Rock	62,3
Jazz, Blues u.ä.	15,1
Techno, Trance u.ä.	7,5
Soul, Black Music u.ä.	35,8
Klassik	18,9
Alles mögliche / Querbeet	41,5
Sonstige Musikarten:	
Ich höre eher selten Musik.	7,5

Weitere Mediennutzungsformen	
Radio	79,2
Internet	84,9
Email	81,1
Computer spielen	11,3
Sonstiges:	

5) Welche der unten aufgeführten Urlaubsarten würdest Du selbst als Deine bevorzugte Art des Verreisens bezeichnen?

Ziel (keine Mehrfachnennung)	
Deutschland	3,8
Ausland (Europa)	56,6
Ausland (anderer Kontinent)	22,6

Art des Urlaubs (auch Mehrfachnennungen)	
Organisierte Busreisen	5,7
Ferienhaus in Großwohnanlage	17,0
Urlaub in Hotel / Pension	56,6
Urlaub mit Wohnwagen / Wohnmobil	17,0
All-Inclusive-Angebot	24,5
Mallorca-Party-Urlaub o.ä.	5,7
Last-Minute-Angebot	41,5
Individualreisen (selbst organisiert)	60,4
Aktiv-Urlaub (Wandern, Radeln,...)	32,1
Camping-Urlaub	22,6
Sonstiges:	

* zu Frage 3:

Welche Sportarten:
Schwimmen: 24,5
Joggen/Laufen: 20,8
Aerobic: 13,2
Fahrrad fahren: 13,2
Fitness: 7,5
Tennis: 5,7
Tae Bo: 5,7

Wie viele Sportarten:
0: 35,8
1: 17,0
2: 24,5
3: 15,1
4: 7,5

8 Literatur

Band, Henri, 1994: Gerhard Schulze: Die Erlebnisgesellschaft (Rezension). In: Berliner Debatte INITIAL. Zeitschrift für sozialwissenschaftlichen Diskurs. 5. Jg., Heft 2, S. 112-117.

Hartmann, Peter H., 1999: Lebensstilforschung. Opladen: Leske + Budrich.

Meyer, Thomas, 2001: Das Konzept der Lebensstile in der Sozialstrukturforschung – eine kritische Bilanz. In: Soziale Welt: Zeitschrift für sozialwissenschaftliche Forschung und Praxis, Jg. 52, Heft 3, S. 255-268.

Müller, Hans-Peter, 1993: Gerhard Schulze: Die Erlebnisgesellschaft. (Rezension). In: Kölner Zeitschrift für Soziologie und Sozialpsychologie 45 (4), S. 778-780.

Schulze, Gerhard, 1990: Die Transformation sozialer Milieus in der Bundesrepublik Deutschland. In: Berger, P.A./Hradil, Stefan (Hrsg.): Lebenslagen, Lebensläufe, Lebensstile. Göttingen: Soziale Welt (Sonderband 7), S.409-432.

Schulze, Gerhard, 1992: Die Erlebnisgesellschaft: Kultursoziologie der Gegenwart. Frankfurt am Main: Campus.

Schulze, Gerhard, 2000: Was wird aus der Erlebnisgesellschaft?. In: Aus Politik und Zeitgeschichte, B 12/2000. Bonn: Bundeszentrale für politische Bildung.

Vester, Heinz-Günter, 1988: Zeitalter der Freizeit: eine soziologische Bestandsaufnahme. Darmstadt: Wissenschaftliche Buchgesellschaft.

Wenzel, Olaf, 1999: Erlebnismilieus? Die empirische Umsetzung des Milieumodells von Gerhard Schulze. Wuppertal: Arbeitspapiere des Fachbereichs Wirtschaftswissenschaft, Bergische Universität, Gesamthochschule Wuppertal, Arbeitspapier 186. (gesamtes Arbeitspapier online abrufbar unter: http://www.bib.uni-wuppertal.de/elpub/fb06/arbp1999/wenzel oder als Vortrag unter: http://www.wiwi.uni-wuppertal.de/kappelhoff/papers/bvm.pdf)

Universität Hohenheim
Fakultät für Wirtschafts- und Sozialwissenschaften
Institut für Sozialwissenschaften
Fachgebiet: Soziologie
Seminar: Die Sozialstruktur der Bundesrepublik Deutschland

SS 2003
08.07.2003

Referent: Jan Kercher

Das Freizeitsystem der BRD (am Beispiel von Schulzes „Erlebnisgesellschaft")

Forschungsfragen: Was ist Freizeit? Welches System bzw. welche Strukturen von Freizeitbeschäftigungsformen finden sich in der Bevölkerung der BRD?

1. Definition(en) von Freizeit

1. Freizeit als Regeneration von der Arbeit bzw. für die Arbeit
2. Freizeit als „Nicht-Arbeitszeit"
3. Freizeit als alles, was man nicht tun muss
4. Freizeit als alles, was Spaß macht bzw. alles, was einen erfüllt

▶ Synthese (nach Murphy): Freizeit = relative Wahlfreiheit + intrinsische Befriedigung
▶ Unterteilung des Tagesablaufs in: Arbeitszeit (berufliche Beschäftigung), Obligationszeit (Verpflichtungen außerhalb des Berufs), Freizeit

2. Die Erlebnisgesellschaft nach Gerhard Schulze

Zur Person Gerhard Schulze: Professor für Methoden der empirischen Sozialforschung an der Universität Bamberg; 1985: Milieu-Studie im Raum Nürnberg; 1992: Veröffentlichung der Ergebnisse in „Die Erlebnisgesellschaft"

Von der Knappheits- zur Erlebnisgesellschaft

Merkmale	Nachkriegszeit	Ende 20. Jahrhundert
Gesellschaftsform	Knappheitsgesellschaft	Erlebnisgesellschaft
Problemdefinition	Überleben	Erleben
Großgruppenstruktur	Schichten (vertikal)	Milieus (horizontal)
Soziales Handeln	Beziehungsvorgabe, situationszentriert	Beziehungswahl, subjektzentriert
Gegenstand der Werbung	Gebrauchswert	Erlebniswert

▶ Gesellschaftlicher Wandel durch Zuwachs an Zeit, Geld und Bildung („parallele Expansion von Angebot und Nachfrage")
▶ soziale Herkunft als Kriterium für soziales Handeln verliert an Bedeutung

Zeichen sozialer Wahrnehmung

- neue Orientierungsgrößen für soziales Handeln bzw. Beziehungswahl: Alter, Bildung und Lebensstil (= evidente und signifikante Zeichen)
- Lebensstil setzt sich z.B. zusammen aus Kleidungs-, Sprach-, Wohn-, Freizeitstil

Dimensionen des (Freizeit)stils

▶ Der Still eines Menschen wird bestimmt durch Nähe bzw. Distanz zu den drei „alltagsästhetischen Schemata"

	Genuss	Typische Zeichen (Freizeitstil)
Hochkulturschema	Kontemplation	Klassische Musik, Museumsbesuch, Lektüre „guter Literatur"
Trivialschema	Gemütlichkeit	Deutscher Schlager, Heimatfilm, Fernsehquiz, Arztroman
Spannungsschema	Action	Rockmusik, Thriller, Ausgehen (Kneipen, Discos, Kinos usw.)

▶ Menschen mit ähnlichen Schema-Präferenzen bilden ein Erlebnismilieu

3. Die fünf Erlebnismilieus nach Gerhard Schulze

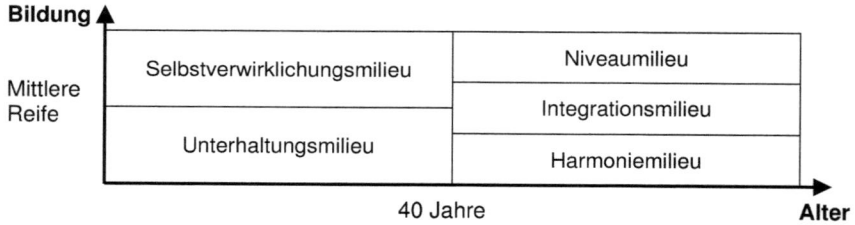

Stil Milieu	Genussmuster	Hochkultur-schema	Trivialschema	Spannungs-schema
Unterhaltungsmilieu	Action	--	-	++
Selbstverwirklichungs-milieu	Action & Kontemplation	+	--	+
Harmoniemilieu	Gemütlichkeit	--	++	--
Integrationsmilieu	Gemütlichkeit & Kontemplation	+	+	-
Niveaumilieu	Kontemplation	++	--	--

(zu Freizeitverhalten und Medienkonsum der Milieus: s. Tabelle auf Rückseite)

Quellen:
Hartmann, Peter H., 1999: Lebensstilforschung. Opladen: Leske + Budrich.
Schulze, Gerhard, 1992: Die Erlebnisgesellschaft: Kultursoziologie der Gegenwart. Frankfurt am Main: Campus.
Schulze, Gerhard, 2000: Was wird aus der Erlebnisgesellschaft?. In: Aus Politik und Zeitgeschichte, B 12/2000. Bonn: Bundeszentrale für politische Bildung.
Vester, Heinz-Günter, 1988: Zeitalter der Freizeit: eine soziologische Bestandsaufnahme. Darmstadt: Wissenschaftliche Buchgesellschaft.